SPRICH MIT MIR!

**Tips, Ideen, Informationen und viele Spiele
zur Förderung der Sprachentwicklung**

BARMER
Deutschlands größte Krankenkasse

Pestalozzi-Verlag, Erlangen

Inhalt

Liebe _____

Lieber _____

dieses Buch ist für dich, aber auch für deine Eltern, Großeltern, Lehrer, also alle Erwachsenen. Was dich wahrscheinlich nicht so interessiert, ist in kleiner Schrift gedruckt, wie der andere Text auf dieser Seite. Alle Spiele, die wir uns für dich ausgedacht haben, sind so groß geschrieben wie diese Sätze, die du gerade liest oder dir vorlesen läßt.

Wenn da einmal steht: „du kannst das mit deinen Freundinnen spielen", ein anderes Mal liest du: „probier das doch mit deinen Freunden", dann haben wir das so geschrieben, damit sich Jungen und Mädchen gleichermaßen angesprochen fühlen. Genauso ist das bei den Vornamen, die du im Buch findest. Wenn du also ein Mädchen bist, kannst du natürlich die Spiele, bei denen „Freunde" steht, genauso spielen wie ein Junge die Spiele, bei denen „Freundinnen" steht.

Manche Erwachsenen haben übrigens vergessen, daß sie selbst auch erst sprechen lernen mußten, als sie noch klein waren. Deshalb sei nicht traurig, wenn du manche schwierigen Wörter noch nicht richtig aussprechen kannst. Die Großen wissen auch nicht alles, selbst wenn sie gerne so tun. Das kannst du ganz leicht beweisen. Frag doch einmal einen Erwachsenen, wie es richtig heißt: „Der große Zeh" oder „die große Zehe"? Oder frag, wie die Mehrzahl von „Ananas" heißt. Für dich haben wir die Lösung hier aufgeschrieben. Aber – psst! – nicht verraten. Viel Spaß beim Raten und Spielen!

Liebe Erwachsene,

vier, maximal fünf Jahre brauchen Kinder normalerweise, um richtig sprechen zu können. Das ist natürlich nicht alles, was die Jüngsten in dieser Zeit an Fähigkeiten und Fertigkeiten erwerben. Nebenbei lernen sie, sich zu bewegen, zu krabbeln, zu greifen, zu laufen, mit Messer und Gabel zu essen, sich anzuziehen, sich auf die Eltern zu verlassen, kurz sich in der Welt der Großen zurechtzufinden.

Fünf Jahre sind eine lange Zeit. Aber an Ihren Kindern merken Sie, wie schnell sie vorübergehen. Besonders, wenn Sie sich vornehmen, Ihnen alles das beizubringen, was sie im Leben brauchen. Sie können gar nicht alles erklären und fördern, was auch noch wichtig für sie wäre.

Trotz aller wissenschaftlicher Untersuchungen und Theorien: Eigentlich grenzt es an ein Wunder, welche riesengroßen Fortschritte Kinder in ihren ersten Lebensjahren machen – obwohl niemand alle Bereiche optimal fördern kann. Es gibt nun einmal keine perfekten Eltern. Vater und Mutter sind eben auch nur Menschen und haben nicht immer die nötige Zeit und Geduld.

Wenn der Verein Mehr Zeit für Kinder und die BARMER Sie auffordern, mit Ihren Kindern zu spielen und zu sprechen, hat das den traurigen Hintergrund, daß schon fast jedes vierte Kind im Vorschulalter unter Verzögerungen in der Sprachentwicklung leidet. Wir wollen, daß es nicht noch mehr werden. Deshalb haben wir Experten zu diesem Thema befragt, Literatur für Sie gesichtet und uns an die Mitglieder der BARMER gewandt, uns ihre Erfahrungen, Ratschläge und Fragen mitzuteilen.

Hunderte von BARMER-Mitgliedern haben uns geschrieben. Eindeutiger Tenor: Ein brennendes Thema mit dringendem Handlungsbedarf und konkreten Wünschen nach mehr Informationen. Aber auch viele Ideen und Tips sind angekommen. An dieser Stelle möchten wir noch einmal ganz herzlich allen danken, die uns Ihre Anregungen und Hinweise geschickt haben. Herausgekommen ist dieses – wie wir glauben – einzigartige Buch für Kinder und Erwachsene.

Ob mit einer Übersicht, wie beim Kind die normale Sprachentwicklung verläuft, ob in den 10 goldenen Regeln zur Kommunikation oder in Interviews mit Wissenschaftlern und Sprachtherapeuten: Wir geben Ihnen die gewünschten Informationen, die ergänzt werden durch eine Literatur- und Adressenliste sowie eine Erklärung der wichtigsten Fachbegriffe.

Das Buch wäre aber nicht von Mehr Zeit für Kinder, wenn nicht Spiele den größten Teil einnehmen würden. Sprachspiele zu allen Gelegenheiten für ein, zwei oder ganz viele Kinder, für kleine und größere, Bewegungs- oder eher ruhige Spiele am Abend, für drinnen und draußen, beim Essen, beim Malen, beim Reisen, zu Hause und im Urlaub.

Allgemein bekannte Sprachspiele wie „Ich sehe was, was du nicht siehst, und das ist ..." oder Memory sowie Rate-, Merk-, Erzählspiele haben wir nicht extra aufgeführt. Selbst 126 Seiten bieten nur begrenzt Platz. Deshalb haben Sie bestimmt Verständnis dafür, daß wir auch nicht auf jede Zuschrift eingehen konnten, obwohl wir sie alle mit Interesse gelesen haben. Auch Spieletips, die in dieser oder ähnlicher Form bereits im „Gesundheits-Spielebuch" zu finden sind, haben wir außen vor gelassen.

Auf den folgenden Seiten lesen Sie, wie Sprache und Sprechenlernen besonders viel Spaß machen kann. Sagen Sie jetzt bitte nicht: „Dazu habe ich keine Zeit!" Sprache lernt man nun einmal nur durch Sprechen. Daß es sich lohnt, beweist unter anderem der Fall eines Mädchens, das wegen ihrer Sprachentwicklungsstörungen behandelt wurde. Als junge Frau war sie eine erfolgreiche Moderatorin im Radio. Jetzt ist sie eine der Autorinnen dieses Buches.

Nur wenn Kinder mit genügend Worten „gefüttert" werden, lernen sie sprechen. Deshalb: Spielen Sie mit, sprechen Sie mit Ihren Kindern! Das wünschen sich

Ihre BARMER und Ihr Mehr Zeit für Kinder e. V.

Impressum

Herausgeber: Mehr Zeit für Kinder e.V.
Fellnerstraße 12
60 322 Frankfurt am Main
Tel. 0 69 / 15 68 96 - 0

BARMER Ersatzkasse
Untere Lichtenplatzer Straße 100 - 102
42 289 Wuppertal
Tel. 02 02 / 5 68 - 18 02

Idee: Mehr Zeit für Kinder e.V.,
Simone Linden

Konzeption, Projektleitung, Redaktion: Andreas Liegerer

Koordination BARMER: Brigitte Jochum

Text: Susann Buchholz, Kerstin Gemballa, Ellen König,
Andreas Liegerer, Silke Möller, Heike Pinne

Fachliche Beratung: Patrick Griesheimer, BARMER: Ruth Rumke

Lektorat: Edith Jentner

Graphik, Illustration: Tobias Borries Studio

© 1997 Mehr Zeit für Kinder e.V. und BARMER
Printed in Slovakia
ISBN 3-614-53335-2

Guck mal,
wer da spricht

Wie Sprache entsteht

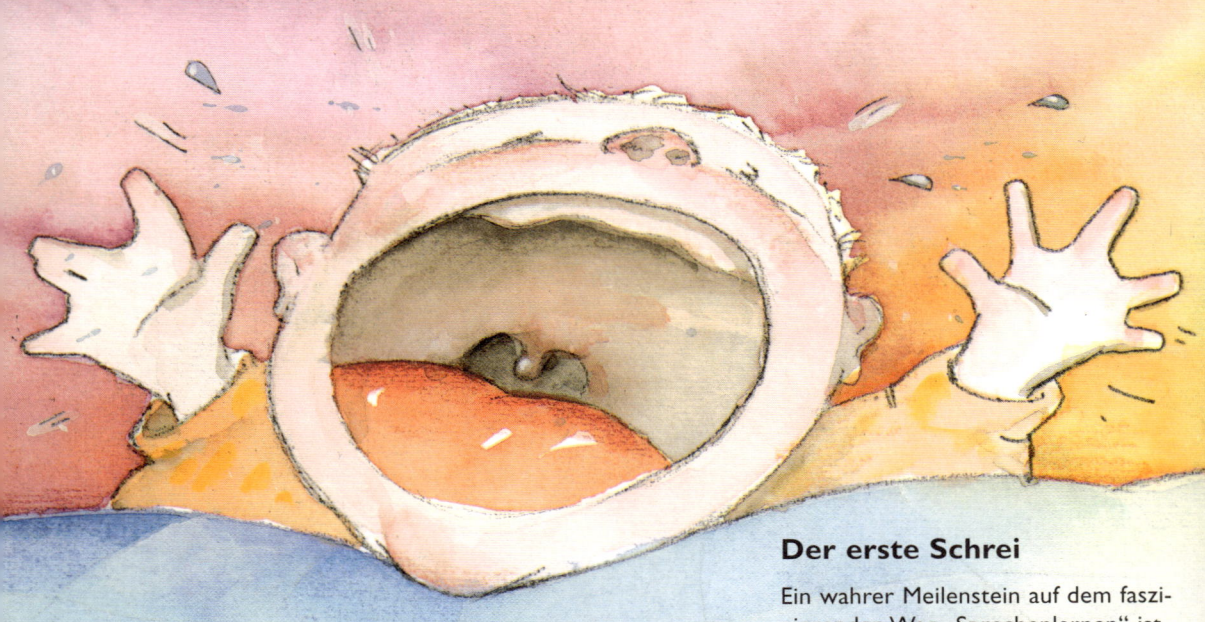

Der erste Schrei

Sprechenlernen ist für Kinder und Eltern eine faszinierende Erfahrung. Vom ersten Schrei bis zum ersten vollständigen Satz vergehen Jahre voller unglaublicher Fortschritte.

„Ball!" Da war es! „Ball!" Eindeutig. Unverwechselbar. Kein „dada", kein „dede", kein „eeh". Nein, „Ball" hat der kleine Julian gesagt und auf den runden roten Gegenstand gezeigt, der in der Ecke liegt. „Julian hat heute sein erstes Wort gesprochen. Es heißt Ball", werden die Eltern am Abend stolz im Tagebuch festhalten. Julian ist elf Monate alt und hat einen großen Schritt in seiner Sprachentwicklung getan. Dieser Schritt war allerdings keineswegs der erste. Sprachentwicklung beginnt viel früher.

Bereits im Mutterleib trainiert ein Baby wichtige Teile, die es später zum Sprechen braucht: Lippen, Zunge und Gaumen sind im Einsatz, wenn es zufrieden am Daumen lutscht und Fruchtwasser schluckt. Auch sein Gehör wird schon geschult, wenn es ab dem fünften Schwangerschaftsmonat auf die Stimmen und Geräusche „draußen" achtet.

Ein wahrer Meilenstein auf dem faszinierenden Weg „Sprechenlernen" ist bald darauf die Geburt. Dann nämlich, wenn sich die Atmung umstellt und das Baby den ersten, heiß ersehnten Schrei tut, ist für den kleinen Menschen der Grundstein gelegt, mit seiner Umwelt Kontakt aufzunehmen. Schreien bleibt in den ersten Lebenswochen die einzige Möglichkeit für das Baby, den Menschen in seiner Umgebung etwas über seine Gefühle und Bedürfnisse mitzuteilen.

Schon nach kurzer Zeit erkennen die engsten Bezugspersonen sehr wohl, was die Kinder sagen. Ob Laura Hunger hat, ob Julian der Bauch weh tut oder Micki einfach nur ein wenig geschaukelt werden will. Denn Schreien ist nicht gleich Schreien. Ab dem ersten Lebensmonat kann ein Baby seine Laute variieren. Die Erwachsenen reagieren darauf – mit beruhigenden Worten, mal mit Lächeln, mal mit dem Singen von Liedern. Und das Baby wiederum „antwortet". Es lächelt, brabbelt, zeigt, daß es sich freut – oder daß die gutgemeinte Reaktion leider sein Bedürfnis überhaupt nicht gestillt hat. Was hier zwischen Säugling und Erwachsenen geschieht, ist bereits ein erster kleiner Dialog.

Frage:

*Soll ich mein Kind schreien lassen?
Mein Sohn Lars ist jetzt neun Monate
alt. Im Grunde ist er ein sehr zufriede-
nes Kind. Nur am Spätnachmittag und
nachts schreit er manchmal sehr viel.
Seine Oma meint, ich solle ihn schreien
lassen. Das kräftige die Stimmbänder
und die Lungen. Er bekäme so später
einmal eine schöne Stimme. Mir ist aber
nicht ganz wohl dabei. Wer hat recht?
Michaela P., Siegburg*

Antwort:

Der Säuglingsschrei ist eine angeborene Reaktion und völlig normal.
Er bedeutet für das Baby die einzige
Möglichkeit, auf sich aufmerksam zu
machen – um seine Bezugspersonen
zu rufen, um ihnen „mitzuteilen",
daß es Blähungen oder Hunger hat –
Schreien ist die erste Form der Sprache. Die weitverbreitete Meinung,
man müsse Kinder schreien lassen,
bis sie sich selbst wieder beruhigen,
ist nach neuesten Untersuchungen
insbesondere für die ersten drei
Lebensmonate nicht mehr haltbar.
Wer dagegen auf das „Rufen" prompt
reagiert, wird vermutlich erleben, daß
sein Kind in der Folgezeit weniger
schreit. Kinder, die weniger schreien,
haben keineswegs schwächere
Stimmbänder. Sie fühlen sich aber
wahrscheinlich wesentlich sicherer
und besser verstanden als andere
Kinder, entwickeln mehr Vertrauen.
Studien haben sogar gezeigt,
daß feinfühliges Reagieren auf das
Schreien beste Voraussetzungen
bietet, daß Kinder später erfolgreich
und lebendig kommunizieren.

Von dada bis mama

Schon mit zwei Monaten beginnt das
Baby mit einer neuen Form des Sprechens: Es lallt. So wie es sich beim
Strampeln mit seinen Armen und Beinen vertraut macht, so probiert es
durch Lallen seine Sprechwerkzeuge
aus. Die braucht es nämlich, wenn es
irgendwann einmal „richtig" sprechen
wird. Zentrales Nervensystem,
Atmung, Kehlkopf, Rachenraum, Kiefer, Zungen und Lippen sind beteiligt,
egal, ob ein Kind „dada" oder
„Dampfschiffahrt" sagt. Mehrere Zen-
tren im Gehirn und über einhundert
Muskeln müssen aktiviert werden,
damit das herauskommt, was man
gemeinhin Sprechen nennt.
Einige Wochen später, etwa ab dem
sechsten Monat ist der kleine Erden-
bürger richtig fasziniert von dem,
was er täglich an Tönen produziert.
Und es macht ihm Spaß, diese Laute
zu wiederholen. Das Ergebnis präsen-
tiert er beispielsweise mit „dada"
oder „mama". In dieser sogenannten
zweiten Lallphase, die im allgemeinen
bis zum neunten Monat dauert, entwickelt das Baby bereits ein erstes
Sprachverständnis.

Anders ein Kind wie Sebastian. Er hört plötzlich auf zu lallen und verstummt. Der Grund: Sebastian ist beinahe taub. Er hört deshalb seine eigenen Geräusche nicht und erhält somit auch keinerlei Anregungen, seine Laute zu wiederholen. Hier wird deutlich: Nicht nur die reinen Sprechorgane spielen eine Rolle, auch ein gutes Gehör ist für die Entwicklung der Sprache und des Sprechens ungeheuer wichtig. Denn nur, was ein Kind hört, kann es als Laut erfassen und eines Tages auch wiedergeben. Verstehen und sich verständigen kann es trotzdem: Be-greifen und Er-fassen spielt sich eben nicht (nur) auf der Ebene des Hörens ab. Der Fachbegriff heißt Nonverbale Kommunikation.

Grundsätzlich wird jedes Kind mit der Fähigkeit zum Sprechen geboren. Es hat gewissermaßen ein automatisches Programm eingebaut – vergleichbar mit dem Laufenlernen. Was es jedoch damit macht, hängt wesentlich von den äußeren Impulsen ab. Das bedeutet: Jedes Kind ist prinzipiell in der Lage, arabisch, englisch oder deutsch zu sprechen. Es wird letztlich aber die Laute und damit die Sprache lernen, die es in seiner unmittelbaren Umgebung hört. Interessant ist in diesem Zusammenhang, daß bereits bei achtmonatigen Säuglingen Unterschiede in der Lautbildung beobachtet werden können – je nachdem, ob sie beispielsweise auf spanisch oder chinesisch lallen.

Man schätzt, daß ein Wort etwa 40mal gehört werden muß, bis es in den Sprachschatz des Kindes übergeht, bis das Kind begreift, daß das Klangbild „Ball" für das runde bunte Ding steht.

40mal Ball

Zunächst erinnert sich das Baby nur an den Klang der Wörter, mit der Zeit lernt es zu „verstehen". Fragt man es nach einem „Ball", wird es mit neun Monaten stolz auf den runden Gegenstand zeigen, der durch das Zimmer kugelt. Wiederholungen dieses Spiels machen ihm nicht nur Spaß, es lernt dadurch auch die Verbindung zwischen Hören und Reagieren. Gleichzeitig nimmt nun der Einfluß der Umwelt auf das Kind zu. Wie ein Schwamm saugt der kleine Mensch alles auf, was ihn umgibt. Aus Gestik, Mimik und Tonfall seiner vertrauten Personen lernt es allmählich, den Sinn der Sprache zu erfassen.

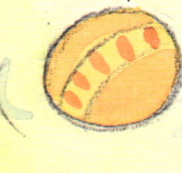

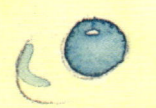

Ein krabbelndes Echo

In den letzten Wochen seines ersten Lebensjahres beginnt das Baby zu „sprechen" – auch wenn das, was da herauskommt, für erwachsene Ohren nicht immer auf Anhieb verständlich ist. Bestimmte Lautkombinationen werden erstmals bestimmten Dingen und Kategorien zugeordnet. So steht „aka" vielleicht für „Auto", aber genauso für alles andere, was vier Räder hat, egal, ob es sich dabei um einen Bus, einen Laster oder einen Traktor handelt. Das Kind plappert allerdings auch wie ein Echo viele Wörter nach, ohne deren Sinn zu verstehen.

Mit 13 bis 15 Monaten begreifen Kinder, daß jedes Ding einen eigenen bestimmten Namen hat. Die Fachleute nennen dies „Symbolbewußtsein". Nun stehen einzelne Wörter aber auch schon für einen ganzen Satz. Wenn Natalie „Ball" sagt, kann das heißen: „He, gib mir meinen Ball!" oder „Ich sehe dort einen Ball" oder vielleicht noch etwas anderes. Natalie ist gerade in ihrer „Einwortsatz-Phase". Die dauert etwa bis zum 18. Monat. Mit eineinhalb Jahren spricht Natalie etwa zehn bis 15 Wörter. Mit vier werden es bereits 1.500 sein! Zuvor lernt Natalie, mit der Zeit immer mehr Wörter aneinanderzureihen. Mit zwei Jahren ist sie in ihrer „Zweiwortsatz-Phase". „Lade dut", sagt sie, wenn sie zum Ausdruck bringen will, daß ihr die Schokolade gut schmeckt. Bald darauf kann sie bereits drei Wörter miteinander verbinden: Sie wird „Papa Auto adda" äußern und zweifelsfrei meinen: „Papa ist mit dem Auto weggefahren."

Warum hat Max nicht getrinkt?

Die Wörter zu lernen ist das eine. Mindestens ebenso schwierig ist es sicherlich, die richtigen grammatikalischen Formen anzuwenden. Woher soll ein Kind wissen, daß es einmal heißt „Max hat gespielt", ein anderes Mal aber „Max hat getrunken" und nicht etwa „getrinkt". Wieder ein anderes Mal lautet die richtige Form „Max ist gelaufen" und nicht „Max hat gelaufen". Aber auch das lernen Kinder. In der Regel beginnen sie ab dem vierten Lebensjahr, grammatikalisch richtige Sätze zu bilden. Wie bei den Wörtern, so lernen sie auch bei der Satzbildung am Beispiel ihrer Umwelt.

Kein „Bine Ham-Ham"

Im allgemeinen sind die Eltern das Vorbild, an dem sich Kinder orientieren. Eigentlich klar, was herauskommt, wenn die Großen ständig nur von „Gag-Gag" oder „Tuut-Tuut" sprechen. Wie soll ein Kind dann begreifen, daß das gelbe Tier in der Badewanne eine Ente und das blaue Holzteil eine Lokomotive ist? Es macht durchaus Sinn, die Laute des Babys in den ersten Lebensmonaten nachzuahmen. Es hat Freude, wenn die Mutter oder der Vater sein „bääh" oder „dada" wiederholt und wird dadurch auch animiert, Laute von sich zu geben. Darüber hinaus sollte mit einem Kind aber vor allem normal, deutlich und auch in vollständigen Sätzen gesprochen werden. Nur so hat ein Kind frühzeitig die Chance, richtig sprechen zu lernen.

Es gibt unterschiedliche Standpunkte über die Rolle der Nachahmung beim Sprechenlernen. Sicher ist aber, daß alle Kinder Sprache nachahmen und sich aktiv mit Wörtern und Begriffen auseinandersetzen – unabhängig davon, ob sie den Sinn bereits erfassen. Um so wichtiger ist es, daß Kinder richtige Wörter angeboten bekommen.

So unterstützen Sie die Sprachentwicklung Ihres Kindes

- Sprechen und singen Sie viel mit Ihrem Kind.
- Wählen Sie einfache und kurze Sätze.
- Reden Sie im Alltag ganz normal mit Ihrem Kind.
- Beschreiben Sie häufig, was Sie gerade tun, zum Beispiel „Ich koche dir deine Milch" oder „Ich hole dir deine Schuhe".
- Wenn Ihr Kind etwas sagt, greifen Sie das Wort auf, wiederholen Sie es gegebenenfalls korrekt und stellen Sie es in einen entsprechenden Zusammenhang, zum Beispiel: „Bei...", – „Brei... möchtest du deinen Brei? Hast du Hunger?" Oder „Ato...", – „Auto... ja, dort drüben fährt ein großes rotes Auto."
- Sollten Sie ein Wort nicht verstehen, dann bitten Sie Ihr Kind, Ihnen zusätzlich den Gegenstand zu zeigen. Freuen Sie sich mit ihm, wenn die Verständigung wieder einmal geklappt hat.
- Bieten Sie Ihrem Kind mit der Zeit immer neue Begriffe an.
- Beachten Sie den Grundsatz: Sprache fördern statt fordern.
- Seien Sie ein gutes Vorbild, sprechen Sie ruhig und deutlich.
- Ermutigen und loben Sie Ihr Kind, wenn es spricht. Achten Sie dabei besonders auf alles, was Ihr Kind schon richig sagen kann.

Das sollten Sie besser vermeiden

- Reden Sie nicht in verkürzten Sätzen mit Ihrem Kind: „Lara Hunger? Essen?"
- Benutzen Sie auch keine Babysprache à la „Du-du, ham-ham".
- Verwenden Sie keine Verkleinerungsformen wie „Becherchen", „Schühchen" oder „Näschen". Das sind für Ihr Kind wahre Zungenbrecher, die es beim besten Willen nicht nachsprechen kann.
- Sprechen Sie nicht betont langsam, aber auch nicht so schnell wie ein Maschinengewehr.
- Verschlucken Sie keine Silben, vermeiden Sie es zu nuscheln.
- Wählen Sie keine besonders hohe Tonart.
- Fordern Sie Ihr Kind nicht ständig auf, bestimmte Wörter „richtig" nachzusprechen, das kann es meist einfach noch nicht.
- Werden Sie nicht ungeduldig, unterbrechen Sie Ihr Kind nicht.

Wer statt Stadt Dorf schreibt, sich aber nicht ganz sicher ist, geht auf Nummer Sicher, falls er den Strauß, die Maus und den Floh auf dem Floß im Fluß, der in den See an der See fließt, numeriert, sobald er – in weiser Voraussicht – in den Küchen kochen soll, wenn ihn das jedenfalls in diesem Fall weiße Hemd nicht hemmt.

Kleine Störungen sind normal

Was viele vergessen, wenn es ums Sprechenlernen geht: Auch die Sprechwerkzeuge müssen erst langsam heranreifen. Kleine Kinder sind einfach noch nicht in der Lage, bestimmte Buchstaben und Buchstabenkombinationen korrekt auszusprechen. Sie behelfen sich oft damit, daß sie die schwierigen weglassen oder gegen leichte austauschen, gegen jene, die sie bereits können. Das Ergebnis könnte sein: „Affee" statt „Kaffee" oder „Dabel" statt „Gabel". Manchmal kommt es auch vor, daß ein Kind zwar einen Buchstaben korrekt beherrscht, ihn in einer bestimmten Kombination jedoch nicht über die Lippen bringt. Wer etwa ein B in „Bus" und ein L in „Laterne" korrekt wiedergibt, muß deshalb noch lange nicht die Verbindung der beiden in dem Wort „Blume" sagen können. Statt dessen heißt es dann „Bume". Der Fachbegriff für diese Sprachstörung ist „Stammeln". Jedes Kind macht innerhalb seiner Entwicklung eine solche Phase durch. Es gilt als völlig normal, wenn ein Kind etwa bis zum fünften Lebensjahr gelegentlich stammelt. Danach sollte diese Störung allerdings vorüber sein.

Stolperstein „Grammatik"

Das gilt auch für den Dysgrammatismus. Hinter diesem schwierigen Begriff verbirgt sich die Tatsache, daß Kinder zunächst nicht in der Lage sind, grammatikalisch korrekte Sätze zu sprechen. Das kann den Satzbau betreffen, aber auch das Beugen von Verben. Da würde es beispielsweise heißen „du trinkt" oder „ich schlafen". Auch das Geschlecht wird verwechselt, zum Beispiel „das Ball" statt „der Ball". Diese Sprechstörung verschwindet ebenfalls im allgemeinen mit der Zeit von ganz alleine, wenn die Kinder den richtigen Satzbau oft genug gehört und wiederholt haben.

Frage:
Unsere Tochter Julia, zwei Jahre alt, ist eine typische Linkshänderin. Sie greift und malt am liebsten mit der linken Hand. Wir haben nun Bedenken bekommen, daß sie es deshalb später in der Schule schwerer haben wird.
Außerdem haben wir gehört, daß Linkshänder häufiger Sprachprobleme haben. Sollen wir ihre rechte Hand gezielt trainieren und sie gewissermaßen umerziehen? Peter K., Eutin

Antwort:
Das sollten Sie auf keinen Fall tun. In Urzeiten hatten die Menschen zwei starke Hände. Unsere rechtshändig orientierte Gesellschaft hat mit der Zeit jedoch vorwiegend Rechtshänder „gezüchtet". Dazu muß man wissen, daß die individuelle Entwicklung zum Rechts- oder Linkshänder und die Sprachentwicklung parallel verlaufen. Von Geburt an hat der Mensch zwei Sprachzentren: eins in der rechten, das andere in der linken Gehirnhälfte. Die Hände sind damit über Kreuz verbunden. Das bedeutet: Die rechte Hand ist gewissermaßen mit der linken Hälfte verknüpft, die linke Hand mit der rechten. Wird eine Hand nun häufig gebraucht, entwickelt sich auch die dazugehörige Gehirnhälfte gut. Die andere verkümmert dagegen. Das ist überhaupt nicht schlimm. Bedenklich wird es erst dann, wenn man versucht, die natürliche Anlage zu unterbinden und das Kind zu zwingen, entgegen seiner Natur die schwächere Hand zu benutzen. Dann kann es sehr wohl zu Schwierigkeiten mit der Sprache, der Schrift und auch der Bewegung kommen. Lassen Sie Ihr Kind deshalb ruhig alles „mit links machen", was es mag. Der Spruch vom „guten rechten Händchen" gehört schon längst in die „pädagogische Mottenkiste".

Wenn das Sprechen dem Denken nachläuft

Nicht alle, aber sehr viele Kinder durchlaufen irgendwann während ihrer Sprachentwicklung eine Phase des Stotterns, meist im Alter zwischen zwei und fünf Jahren. Dann haben viele einen so großen Mitteilungsdrang, daß Denken und Sprechen nicht immer miteinander Schritt halten können: Kinder wiederholen ein Wort so lange, bis ihnen der gesuchte Begriff wieder eingefallen ist.
Das hört sich dann so an: „Da-da-da ist ein Hund gewesen." Aber auch während der Einschulungsphase oder in der Pubertät, also wenn das Kind unter großer Anspannung steht, kann es zu solchen Stotterphasen kommen. Weder Strafen noch Mitleid helfen, geben Sie Ihrem Kind Zeit zum Ausreden! Falls das Stottern aber mit sechs oder sieben Jahren nicht verschwunden oder sogar schlimmer geworden ist, wenden Sie sich unbedingt an den Kinderarzt oder – für eine Beratung – an einen Fachmann bzw. eine Fachfrau für Sprachtherapie.

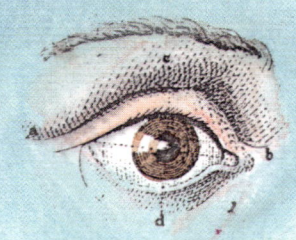

Sprechspaß im Alltag

Bei vielen Kindern verschwinden
leichte Sprachstörungen mit der
Zeit von ganz alleine. Vorausgesetzt,
sie behalten den Spaß am Sprechen.
Deshalb ist es wichtig, Fehler nicht
ständig zu kritisieren und die Sprachförderung spielerisch in den Alltag
einzubauen.
Für jede Altersstufe gibt es bestimmte Dinge, die den Spaß am Sprechen
wecken, die allgemeine Entwicklung
des Kindes und damit auch seine
Sprachentwicklung unterstützen.
Dazu gehört beispielsweise alles,
was in den Bereich Feinmotorik fällt.
Denn zwischen Händen und Sprachzentrum im Gehirn gibt es so etwas
wie einen direkten „Draht". Alles,
was die Feinmotorik fördert, trainiert
somit gleichzeitig das Sprachzentrum.
Auch die sogenannte Grobmotorik
ist wichtig – also Krabbeln, Toben,
Springen. Alle Sinne sollten angesprochen werden. Und natürlich braucht
ein Kind immer wieder Anregungen
zum Sprechen. Nur so wird es seinen
Wortschatz ausbauen und seine
Vorstellungswelt bereichern können.
Möglichkeiten dafür gibt es viele.

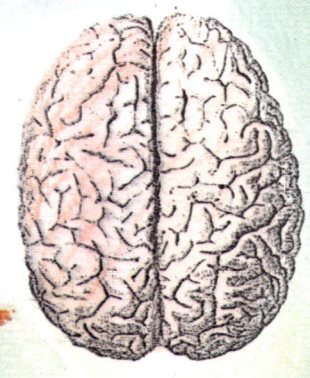

Frage:
Mein Mann ist Amerikaner, spricht aber
sehr gut deutsch. Wir überlegen, ob wir
unser Kind deutsch-englisch aufwachsen
lassen sollen. Englisch ist schließlich eine
Weltsprache. Überfordern wir unser Kind,
wenn es bereits von klein auf zwei Sprachen lernt? Eventuell mit dem Ergebnis,
daß es später keine der beiden Sprachen
richtig spricht? Veronika K., Fürth

Antwort:
Neuere wissenschaftliche Untersuchungen haben zahlreiche Vorurteile
widerlegt: Kinder, die zweisprachig
aufwachsen, sind keineswegs auto-
matisch überfordert oder motorisch
ungeschickt. Sie entwickeln sich auch
nicht eher zum Linkshänder oder
stottern mehr. Eventuell sind der
Wortschatz und die grammatischen
Strukturen bei der weniger häufig
gesprochenen oder komplizierteren
Sprache etwas verzögert. Doch auch
das kommt nicht besonders oft vor.
Folgendes sollten Sie allerdings im
Interesse Ihres Kindes beachten:
Von Anfang an sollten Sie festlegen,
wer wann welche Sprache spricht –
und das auch einhalten. Am besten
spricht die ganze Familie außer Haus
die Landessprache, zu Hause die
gemeinsame „Fremdsprache".
Beide Sprachen sollten Sie mit glei-
cher oder ähnlicher Gründlichkeit
und Zuwendung verwenden, eine
Mischsprache vermeiden. Ihr Kind
muß richtig umschalten können –
und nicht hin und her übersetzen.
Lassen Sie sich nicht so schnell ver-
unsichern, falls Probleme auftauchen.
Eine schwächer entwickelte Sprache
fördern Sie beispielsweise durch
Lieder, Märchen und Geschichten.
Ist Ihr Kind jedoch tatsächlich überfordert damit, zwei Sprachen gleichzeitig zu lernen, dann warten Sie mit
dem Start der zweiten, bis es die
erste gut beherrscht.

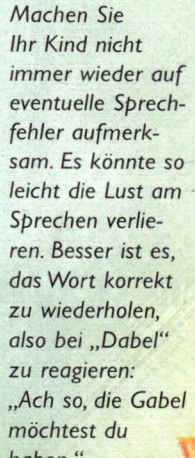

*Machen Sie
Ihr Kind nicht
immer wieder auf
eventuelle Sprech-
fehler aufmerk-
sam. Es könnte so
leicht die Lust am
Sprechen verlie-
ren. Besser ist es,
das Wort korrekt
zu wiederholen,
also bei „Dabel"
zu reagieren:
„Ach so, die Gabel
möchtest du
haben."*

Das können Sie tun

Bis zum 4. Monat

- Sprechen Sie mit Ihrem Kind, während Sie es füttern und wickeln.
- Zeigen Sie ihm, daß Sie sich freuen, wenn es Laute macht und somit zu Ihnen „spricht".
- Gehen Sie mit Ihrem Kind auf dem Arm durch die Wohnung und lassen Sie es die Dinge in seinem Umfeld anschauen, insbesondere Gegenstände, die in Bezug auf Farbe oder Form kontrastreich sind.
- Suchen Sie den Blickkontakt zu Ihrem Kind und sprechen Sie dabei fröhlich mit ihm.
- Bewegen Sie etwa 40 cm vor den Augen Ihres Kindes eine Rassel waagerecht hin und her, Ihr Kind folgt der Rassel mit den Augen.

Im 5. bis 8. Monat

- Rufen Sie Ihr Kind häufig bei seinem Namen.
- Ermuntern Sie es, Gesten nachzuahmen: Winken, auf einen Gegenstand klopfen, in die Hände klatschen.
- Machen Sie kleine Bewegungsspiele mit Armen und Beinen – z. B. „Eisenbahnfahren" – und sprechen Sie dabei mit Ihrem Kind.
- Sagen Sie Ihrem Kind, wie die Dinge heißen, die es intensiv anschaut: „Das ist dein Ball!", „Das ist eine Lampe."

Diese Empfehlungen und die dazugehörigen Atersangaben sind selbstverständlich nur Richtwerte. Jeder Mensch, jedes Kind hat seine eigene Geschwindigkeit. Nehmen Sie diese Tips also bitte nur als Empfehlungen und schauen Sie auf Ihr Kind bzw. hören Sie ihm zu. Sehr schnell merken Sie, was ihm Spaß macht und womit Sie es noch überfordern.

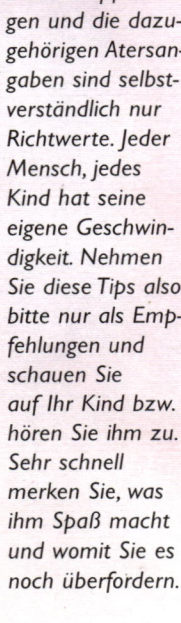

Im 9. bis 12. Monat

- Fragen Sie spielerisch nach schon bekannten Dingen und Personen: „Wo ist der Ball?", „Wo ist der Papa?"
- Machen Sie Geben-und-Nehmen-Spiele, lassen Sie Ihr Kind Dinge aus Hohlkörpern, zum Beispiel einem Becher, herausholen.
- Sprechen Sie zu Tätigkeiten, die Sie bewußt vorführen – beim Licht einschalten „an-aus" oder bei einer Verabschiedung „winke-winke".
- Schauen Sie sich mit Ihrem Kind erste Bilderbücher mit einfachen einzelnen Abbildungen pro Seite an und erklären Sie, was auf dem Bild zu sehen ist.
- Bitten Sie Ihr Kind, Ihnen etwas zu holen oder zu geben. Legen Sie Gegenstände auch so, daß es sie durch eigene Anstrengung wie Krabbeln und Strecken erreicht.
- Decken Sie vor den Augen Ihres Kindes einen Gegenstand mit einem Tuch zu, und lassen Sie es danach suchen.

Im 13. bis 16. Monat

- Betrachten Sie gemeinsam Bilderbücher mit übersichtlich dargestellten, bunten Dingen.
- Zeigen Sie Ihrem Kind, was es mit seinem Spielzeug alles machen kann: Wie ein Auto in eine Schachtel fährt, wie ein Ball rollt, wie man Becher ineinander stecken und übereinander stülpen oder mit Klötzen einen ersten Turm bauen kann.
- Zeigen Sie Ihrem Kind bewußt, daß Sie sich freuen, wenn es etwas „spricht" und kleine Aufträge erfüllt.

Im 17. bis 20. Monat

- Führen Sie Ihrem Kind auch jetzt vor, was man mit verschiedenen Dingen machen kann. Füllen Sie zum Beispiel Sand in einen Laster, oder beladen Sie einen Eisenbahnwagen mit Tieren.
- Schauen Sie sich gemeinsam Bilderbücher an, fragen Sie Ihr Kind nach den abgebildeten Gegenständen.
- Sprechen Sie mit Ihrem Kind über das, was es gerade tut.

Im 21. bis 24. Monat

- Erzählen Sie, was im Bilderbuch geschieht: „Der Junge möchte einen Apfel haben." „Die Katze trinkt Milch."
- Sprechen Sie mit Ihrem Kind über vergangene Ereignisse und erinnern Sie sich so gemeinsam daran: „Waren wir heute im Zoo? War dort ein großer Elefant?"
- Lassen Sie Ihr Kind kleine Aufträge erfüllen und loben Sie es im Anschluß: „Stell bitte den Teller auf den Tisch! Prima hast du das gemacht!"
- Spricht Ihr Kind Sie an, dann greifen Sie dieses Gesprächsangebot auf und bauen es thematisch aus. Sagt Ihr Kind zum Beispiel beim Betrachten eines Bilderbuches „Due" (für „Kühe"), können Sie antworten: „Ja, da sind Kühe. Die fressen Gras. Und später geben sie Milch. Die trinkst du doch so gern."
- Singen Sie mit Ihrem Kind Lieder, bei denen Bewegung eine Rolle spielt (zum Beispiel Fingerspiele).

Im 25. bis 28. Monat

- Malen Sie mit Ihrem Kind! Besonders geeignet sind Wachsmalkreiden und Fingerfarben.
- Spielen Sie gemeinsame Spiele wie „Einkaufen gehen", „Koffer packen" oder „Kochen" und benennen Sie alle Zutaten.
- Erinnern Sie Ihr Kind an bereits erzählte Geschichten und vergangene Erlebnisse.
- Beschreiben Sie, was in den Bilderbüchern geschehen ist: „Der Junge ist ins Wasser gefallen." „Die Katze ist auf den Baum geklettert."

Im 29. bis 32. Monat

- Wenn Ihr Kind besonders aufmerksam ist, können Sie ihm bestimmte Handlungen nicht nur beschreiben, sondern auch begründen: „Wir gehen jetzt nach Hause, weil es schon spät ist." „Das Mädchen ist stehengeblieben, weil die Ampel noch rot ist".
- Schauen Sie sich gemeinsam übersichtliche Bildgeschichten an.
- Sprechen Sie mit Ihrem Kind über das, was am Tag geschehen ist: „Bist du heute zur Oma gefahren?"

Im 33. bis 36. Monat

- Spielen Sie kleine Szenen mit Ihrem Kind: „Teddy kauft eine Fahrkarte." „Ein Auto fährt zur Tankstelle".
- Malen Sie viel mit Ihrem Kind.
- Fragen Sie nach Ereignissen in Bilderbüchern.

Sprachbaum

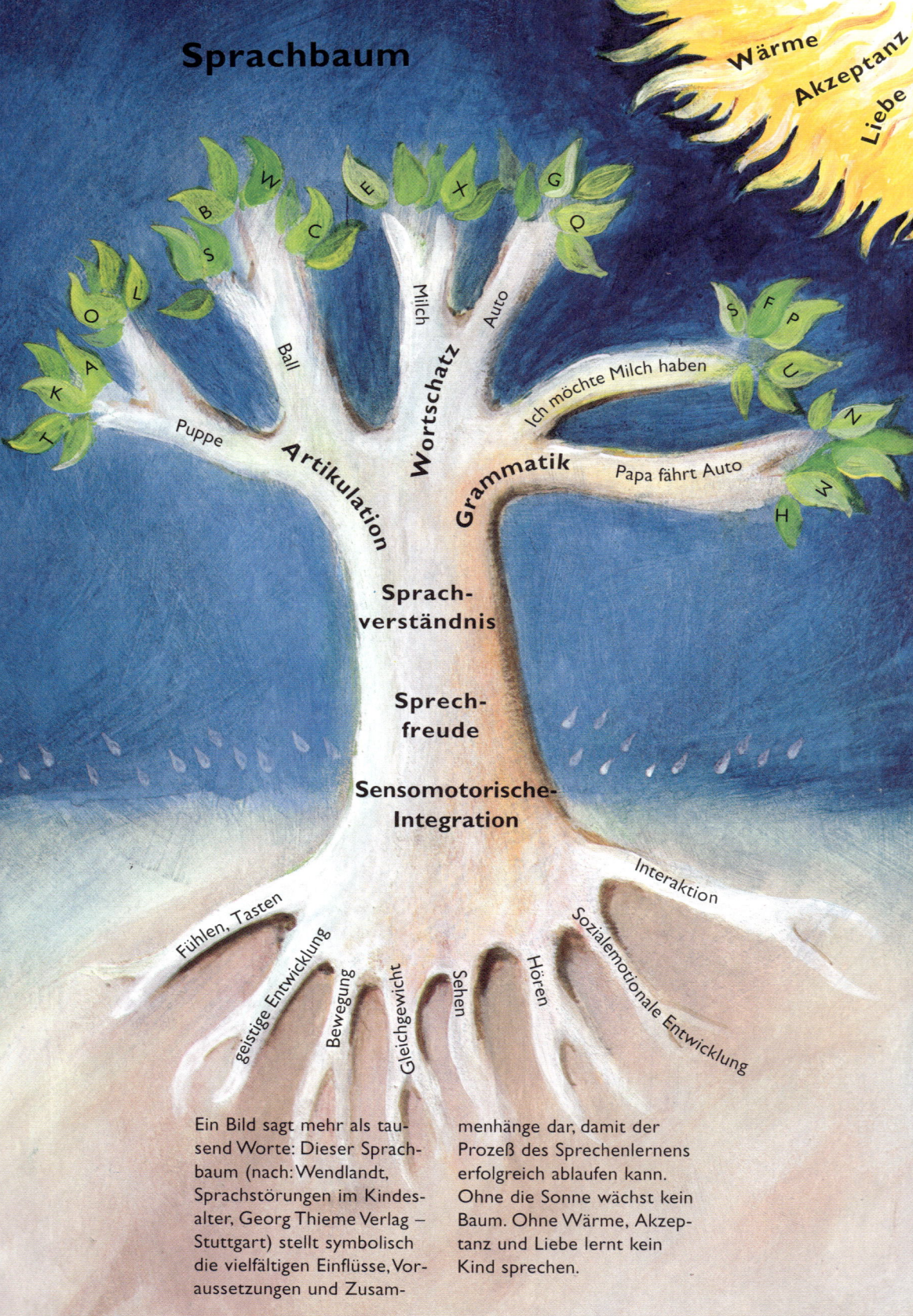

Wärme
Akzeptanz
Liebe

B W E X G
S C Q
O L
K A
T

Milch
Auto
Ball
Puppe

Artikulation

Wortschatz

Ich möchte Milch haben

Papa fährt Auto

Grammatik

S F P
U
N
H W

**Sprach-
verständnis**

**Sprech-
freude**

**Sensomotorische-
Integration**

Interaktion

Fühlen, Tasten

geistige Entwicklung

Bewegung

Gleichgewicht

Sehen

Hören

Sozialemotionale Entwicklung

Ein Bild sagt mehr als tausend Worte: Dieser Sprachbaum (nach: Wendlandt, Sprachstörungen im Kindesalter, Georg Thieme Verlag – Stuttgart) stellt symbolisch die vielfältigen Einflüsse, Voraussetzungen und Zusammenhänge dar, damit der Prozeß des Sprechenlernens erfolgreich ablaufen kann. Ohne die Sonne wächst kein Baum. Ohne Wärme, Akzeptanz und Liebe lernt kein Kind sprechen.

Nur keine Panik!

Häufig hören Sie von Freunden oder Freundinnen, daß Ihr Kind im Alter X auf jeden Fall schon dieses oder jenes können müßte. Lassen Sie sich davon nicht beunruhigen. Und setzen Sie sich, erst recht nicht Ihr Kind unter Leistungsdruck! Jedes Kind entwickelt sich unterschiedlich schnell. Das ist im wahrsten Sinne des Wortes natürlich und völlig in Ordnung so. Ein Kind ist auch nicht dümmer oder schlechter oder benachteiligt, selbst wenn es erst mit sieben Jahren eingeschult werden sollte. Das Tempo der Entwicklung und die einzelnen Schritte sind von vielen Faktoren abhängig, der Ernährung, den Geschwistern, den Erbanlagen usw. Entscheidend ist und bleibt die Intensität der elterlichen Zuwendung.

Dennoch ist es möglich, aufgrund unzähliger Beobachtungen und Forschungen einzelne Fähigkeiten bestimmten Altersstufen zuzuordnen. Das passiert in den verschiedenen Untersuchungen U 1 bis U 9. Der Kinderarzt weiß, wozu ein Kind wahrscheinlich wann in der Lage sein wird. Natürlich kann das nur ein Anhaltspunkt sein. Vielleicht ist Ihr Kind in einigen Bereichen bereits viel weiter entwickelt als hier angegeben. Oder es hat noch Schwierigkeiten mit Dingen, die es seinem Alter nach bereits beherrschen sollte. Wenn Sie also die Angaben der Entwicklungsstufe Ihres Kindes vergleichen, berücksichtigen Sie bitte, daß Abweichungen von einigen Wochen innerhalb des ersten Lebensjahres bzw. später von einigen Monaten durchaus normal sind.

Kinder sind keine Maschinen, die nach einem einheitlichen Programm funktionieren. Kinder sind Individuen mit unterschiedlichen Stärken und Schwächen – und verschiedenen Geschwindigkeiten in bezug auf ihre Fortschritte.

21

Neun kostenlose Vorsorgeuntersuchungen gibt es für Kinder in den ersten Lebensjahren. Sie dienen dazu, eventuelle Krankheiten und Störungen frühzeitig erkennen und behandeln zu können. Dabei werden die Organe geprüft. Vor allem wird aber getestet, wie sich das Hören und das Sprechen entwickeln. Nutzen Sie diese Vorsorgetermine – im Interesse Ihres Kindes! Informieren Sie sich am besten bei Ihrer BARMER-Geschäftsstelle.

Vorsorgeuntersuchung	Das wird gecheckt:
U 1 – Neugeborenenuntersuchung	Direkt nach der Geburt werden Hautfarbe, Atmung, Muskeltätigkeit, Herzschlag und Reflexe kontrolliert.
U 2 – zwischen dem 3. und 10. Tag	Alle Organe, die Reflexe und die Hüftgelenke werden untersucht. Aus der Ferse wird eine Blutprobe entnommen. Sie dient der Früherkennung von eventuellen Stoffwechsel- und Hormonstörungen.
U 3 – in der 4. bis 6. Woche	Der Arzt prüft, ob sich die Reflexe, die Motorik, das Gewicht und die Reaktionen altersgemäß entwickeln. Er erkundigt sich, ob das Baby gut trinkt. Er tastet bzw. hört die Organe ab. Zu diesem Zeitpunkt wird außerdem das Gehör des Säuglings getestet.
U 4 – im 3. bis 4. Monat	Auch bei diesem Vorsorgetermin wird die Hörfähigkeit geprüft. Außerdem kontrolliert die Ärztin das Sehvermögen, die Hüftgelenke und das Nervensystem.
U 5 – im 6. bis 7. Monat	Wieder geht es darum, ob das Baby gut hören und sehen kann. Darüber hinaus schaut der Arzt nach, ob es sich seinem Alter entsprechend bewegt und hält.

Neun wichtige U's – Ihrem Kind zuliebe

U 6 – im 10. bis 12. Monat

Bei diesem Termin stehen die geistige Entwicklung und die Sinnesorgane im Mittelpunkt. Die Ärztin fragt, ob das Kind Doppellaute plappert, auf seinen Namen reagiert und kleine Aufforderungen versteht. Des weiteren wird geprüft, ob es schon krabbeln, sitzen oder stehen kann.

U 7 – im 21. bis 24. Monat

Mit einfachen Bildern oder im Gespräch testet der Arzt, wie weit das Kind in seiner sprachlichen Entwicklung ist. Auch die Feinmotorik und die Körperbeherrschung werden beobachtet.

**U 8 – im 30. bis 36. Monat
(zwischen 2 1/2 und 3 Jahren)**

Alle Organe, die Bewegungsabläufe und die generelle Entwicklung werden jetzt überprüft. So können noch rechtzeitig vor der Einschulung eventuelle Organerkrankungen, Bewegungsstörungen, Seh- und Hörfehler, Sprachstörungen und Verhaltensauffälligkeiten erkannt und gezielt behandelt werden.

**U 9 – im 60. bis 64. Monat
(zwischen 5 und 5 1/4 Jahren)**

Wieder werden alle Organe genau untersucht. Außerdem testet die Ärztin das Gehör, die Sehfähigkeit, die Sprachentwicklung und die Bewegung. Auch hier ist das Ziel, eventuelle Krankheiten vor dem Schuleintritt zu heilen, um dem Kind zeit- und nervenraubende Therapien parallel zum Lernen zu ersparen.

10 goldene Regeln für eine gute Kommunikation zwischen Erwachsenen und Kindern

Lernen Sie, „zwischen den Zeilen zu lesen".

Entwickeln Sie Einfühlungsvermögen für das, was Ihnen Ihr Kind mitteilen will. „Ich will nicht ins Bett" heißt vielleicht: „Ich möchte lieber bei dir schlafen", „Ich habe Angst, wieder schlecht zu träumen" oder auch einfach: „Ich will noch ein bißchen mit dir kuscheln."

Senden Sie Ich-Botschaften, die das Kind verstehen und nachvollziehen kann.

Wenn Ihr Kind etwas Bestimmtes tun oder lassen soll, sagen Sie nicht einfach: „Du bist böse und laut", sondern erklären Sie ihm, warum es sich aus Ihrer Sicht in bestimmter Weise verhalten soll – etwa so: „Ich bin müde und habe Kopfschmerzen. Deshalb möchte ich, daß du das Radio leiser stellst."

Vergleichen Sie die Situation Ihres Kindes gelegentlich mit der eigenen in bezug auf Vorgesetzte.

Vermeiden Sie unsinnige Befehle, Ermahnungen und Drohungen, Predigen und Moralisieren, Beschuldigen, Beschimpfen, Kränken und besserwisserisches Belehren. Oder wie fühlen Sie sich, wenn Ihnen Ihr Chef oder Ihre Chefin unsinnige Anweisungen erteilt, Ihnen zu Unrecht mit Abmahnung droht oder Ihnen immer wieder rechthaberisch ins Wort fällt?

Suchen Sie die Stärken bei Ihrem Kind und fördern Sie sie ganz gezielt.

Denn Erfolgserlebnisse schaffen Selbstvertrauen.

Erziehen Sie Ihr Kind zur Selbständigkeit.

Auch das schafft Selbstvertrauen. Ab einem bestimmten Alter möchten Kinder alles Mögliche am liebsten „selber" machen. Fördern Sie dieses Bemühen – auch wenn mal ein Glas verschüttet wird, ein Löffel Joghurt auf dem T-Shirt landet oder das Anziehen eben ein wenig länger dauert. Nur so kann Ihr Kind weitere wichtige Erfolgserlebnisse sammeln. Wie niederschmetternd klingt dagegen ein ständiges „Dafür bist du noch zu klein!" oder „Das kannst du noch nicht!". Geht es allerdings um die Sicherheit Ihres Kindes, können Sie sagen: „Das darfst du, wenn du ein wenig größer bist. Dafür kannst du doch jetzt schon ..."

Übertragen Sie Ihrem Kind kleine Aufgaben und sparen Sie nicht mit Lob.

Mit jeder gelungenen Aufgabe wird sein Selbstwertgefühl wachsen. Aber überfordern Sie es nicht, sonst erreichen Sie schnell das Gegenteil.

Führen Sie Dialoge – keine Monologe.

Versuchen Sie, auf Mitteilungen Ihres Kindes intensiv einzugehen und seine Argumente einzubeziehen. Beobachten Sie einmal Ihr eigenes Sprech- und Gesprächsverhalten. Wie oft führen Sie mit Ihrem Kind tatsächlich einen Dialog – vor allem, wenn's „kompliziert" wird? Oder ist es eher so, daß Sie etwas anordnen, daß Sie Gespräche anfangen und beenden, wenn es Ihnen paßt?

Was würden Sie empfinden, wenn jemand zu Ihnen sagt: „Seien Sie jetzt still", „Keine Widerrede", „Das ist doch alles Blödsinn", „Sie haben hier gar nichts zu sagen", „Sie sind dafür viel zu klein / dumm / blöd!"

Lernen Sie Zuhören.

Denn einen Dialog führen bedeutet auch zuhören. Und zuhören heißt, den anderen anzuerkennen, ihn mit seinen Gefühlen, Gedanken, Wünschen und Ängsten ernst zu nehmen. Das kann durch ein Kopfnicken geschehen oder durch die einfache Aufforderung: „Komm, erzähl doch mal!" Wenn Sie sich bewußt an einen Tisch setzen oder zusammen auf der Couch kuscheln, zeigen Sie Ihrem Kind, daß es genügend Zeit bekommt, etwas zu formulieren, auch wenn seine Ausdrucksmöglichkeiten noch eingeschränkt sind. Überlegen Sie einmal: Wie oft hatten Sie schon das Gefühl, bei Ihrer Partnerin oder Ihrer Chefin gegen eine Wand zu reden, weil man Sie nicht verstanden hat oder Ihr Anliegen mit einer unwirschen Handbewegung abgetan hat?

Reden Sie übers Reden.

Ist Ihr Kind alt genug, können Sie mit ihm gelegentlich auch über Ihre Form des Miteinander-Sprechens reden. Warum Gespräche beispielsweise so oft in einer Sackgasse enden, ob Sie sich beide eigentlich richtig verstanden fühlen usw. Vielleicht kann Ihnen eine neutrale dritte Person dabei helfen.

Bleiben Sie Mensch.

Auch Sie sind keine Maschine, die immer Verständnis hat, immer perfekt funktioniert. Sie haben Launen, sind mal müde oder gestreßt. Ihr Kind wird dafür Verständnis haben, wenn Sie ihm ehrlich sagen, daß Sie wütend, ärgerlich oder enttäuscht sind. Das ist für Ihre Beziehung besser, als wenn Sie entgegen Ihrer inneren Stimme Aufmerksamkeit heucheln, obwohl Ihnen gar nicht danach ist. Ihr Kind spürt ohnehin, ob Sie „echt" und ehrlich bei der Sache sind. Halten Sie sich das Bild vor Augen, wenn Ihr erwachsener Gesprächspartner beim Reden ständig auf die Uhr schaut, gelangweilt in der Zeitung blättert oder sonst indirekt kundtut, daß er mit seinen Gedanken ganz woanders ist. Macht da eine Unterhaltung Spaß?

Das kann Ihr Kind

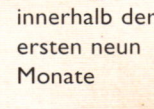

innerhalb der ersten drei Monate

Mit drei Monaten schreit und gurrt Ihr Kind in unterschiedlichen Tonlagen.

innerhalb der ersten sechs Monate

Ein Vierteljahr später macht es bereits erste Laute und wiederholt sie, zum Beispiel „da" bzw. „dada" oder „ma" bzw. „mama". Außerdem lacht und quietscht Ihr Kind gerne.

innerhalb der ersten neun Monate

Ist Ihr Kind ein dreiviertel Jahr alt, beginnt es, den Sinn des gesprochenen Wortes zu erfassen. Mimik, Gestik und Tonfall der sprechenden Person helfen ihm dabei. Wenn Sie Ihr Kind häufig nach einem bestimmten Gegenstand wie Ball, Puppe oder Uhr fragen, wird es mit der Zeit gezielt auf das entsprechende Ding zeigen. Ihrem Kind macht es Spaß, Geräusche nachzuahmen und Silben miteinander zu verbinden.

mit zwölf Monaten

Mit einem Jahr hält Ihr Kind den Mund zumeist geschlossen und schluckt seinen Speichel herunter. Es sabbert eigentlich nur noch, wenn die Zähne gerade mal wieder auf dem Vormarsch sind. Mit den Lippen und der Zunge kann es bereits einen Löffel abschlecken. Seine Laute werden immer variantenreicher. Jetzt quietscht es vergnügt, gurrt und ahmt die unterschiedlichsten Töne nach. Die Stimmlage kann es so verändern, daß Sie daraus seine Stimmung ziemlich gut erkennen können. Ihr Kind spricht mindestens schon ein Wort, seine Laute sind zweckbestimmt, es „sagt", was es will. Zuweilen spricht es aber auch Wörter nach, ohne den Sinn zu erfassen. Kleine Aufforderungen versteht es schon, zum Beispiel „Komm her".

mit 24 Monaten

Ihr Kind kann jetzt feste Nahrung kauen. Es benutzt alle Vokale, also „a, e, i, o, u", beherrscht die Laute „m, b, p", eventuell auch schon „d, f, l, n, t, w". Es ahmt Tiere nach – von „muuh" bis „wau-wau" – und spricht zwei einfache Wörter nach wie „Mama – Papa" oder „Ball – Bett". Es bildet auch von sich aus Zwei-Wort-Sätze, zum Beispiel „Ball haben". Ihr Kind versucht, etwas zu erzählen und stellt schon die ersten Fragen. Die Bezugspersonen in seiner unmittelbaren Umgebung benennt es mit Namen. Fragt man Ihr Kind, wie es heißt, versteht es die Frage und wird entsprechend antworten – auch wenn es den eigenen Namen wahrscheinlich noch nicht korrekt aussprechen kann. Mit eineinhalb Jahren sollte Ihr Kind etwa 50 Wörter aktiv beherrschen (Tip: Machen Sie doch einmal eine Liste, was Ihr Kind bereits spricht). Am Ende des zweiten Lebensjahres umfaßt der Wortschatz eines Kindes im allgemeinen rund 250 Wörter.

zwischen zwei und drei Jahren

Nun spricht Ihr Kind schon solche Verben, die im Alltag häufig gebraucht werden, wie „essen", „schlafen", „rufen". Vielleicht lispelt es jetzt noch oder macht sogenannte Stammelfehler, indem es dr/gr oder bl/br verwechselt, also „droß" statt „groß" sagt oder „das Haus blennt" statt „das Haus brennt". Das ist in diesem Alter aber durchaus normal und kein Grund zur Beunruhigung. Allerdings sollte es jetzt in der Lage sein, sich in einfachen, grammatikalisch richtigen Mehrwortsätzen zu unterhalten. Es benutzt Eigenschaftswörter wie „schön", „heiß" oder „weich" und gelegentlich auch Artikel wie „der Tisch", „das Bett". Erste Fragen werden gestellt, zwar noch verkürzt, aber doch konkret wie: „Isn das?" oder „Heißt du?" Mit drei Jahren führt Ihr Kind außerdem Selbstgespräche und unterhält sich mit seinen Puppen und Stofftieren. Sein Wortschatz ist in der Zwischenzeit auf rund 800 Wörter angestiegen.

zwischen drei und vier Jahren

Wenn es von sich erzählt, sagt Ihr Kind nicht mehr „Bine" oder „Max", sondern bezeichnet sich selbst mit „ich" und unterscheidet zudem „meins" und „deins". Am Ende des vierten Lebensjahres hat Ihr Kind auch die schwierigen Laute wie „s, sch, r" in seinem Repertoire. Es erzählt schon kleine Geschichten, bildet ab und zu korrekt die Mehrzahl, zum Beispiel „die Tassen", „die Häuser". Es kann beschreiben, was die Figuren in seinen Bilderbüchern machen. In diesem Alter benutzt Ihr Kind auch schon einmal die Vergangenheitsform, etwa „Ich habe gespielt" oder „Wir sind mit dem Auto gefahren". Im Alter von vier Jahren hat sich sein Wortschatz gegenüber dem Vorjahr beinahe verdoppelt. Es spricht nun etwa 1.500 Wörter.

zwischen vier und fünf Jahren

Mit fünf Jahren beherrscht Ihr Kind auch Wörter wie „Schlauch" oder „Spiegel", denn jetzt kann es die Lautverbindungen „schl, str, ng, sp, fr" korrekt aussprechen. Es kann einige Körperteile zeigen, benennen und deren Funktion erklären, zum Beispiel: „Ich höre mit den Ohren." Die Sätze werden nun immer länger, Ihr Kind benutzt gelegentlich sogar kurze Nebensätze. Auch hierzu ein Beispiel: „Weißt du, wer das gemalt hat?" Zudem kann es Farben richtig zuordnen und benennen, wie etwa „rot", „blau" oder „gelb". Das Erlernen der Sprache ist in seinen Grundzügen zu diesem Zeitpunkt abgeschlossen, der Wortschatz umfaßt rund 2.000 Wörter.

zwischen fünf und sechs Jahren

Mit sechs Jahren kann Ihr Kind nicht nur ohne Fehler sprechen, sondern auch anderen Begriffe erklären. Wenn es etwas nicht versteht oder ein Wort nicht kennt, fragt es nach, was es bedeutet. Es kann ohne Schwierigkeiten Bilder in Büchern und Zeitschriften beschreiben. Ihr Kind kennt inzwischen rund 2.500 bis 3.000 Wörter. Selbst wenn es nicht alle verwendet, so kennt es doch deren Bedeutung.

zwischen sechs und sieben Jahren

Mit sieben Jahren geht Ihr Kind normalerweise schon in die Schule. Jetzt ist es in der Lage, Oberbegriffe zu finden, zum Beispiel für „Rose, Tulpe, Nelke" den Begriff „Blumen". Außerdem kann es Unterschiede herausfinden und erläutern: „Der Hund bellt, der Hahn kräht." Soll es aus drei bis fünf Wörtern wie etwa „Auto, fahren, Urlaub" einen kompletten Satz bilden, so gelingt ihm dies ohne große Mühe. Ihr Kind kann kurze, einfache Geschichten verständlich wiedergeben und darüber hinaus eigene Phantasiegeschichten erfinden und erzählen.

Kann Ihr Kind so sprechen, wie wir es in der Tabelle beschrieben haben? Prima! Durch viele interessante und lustige Spiele können Sie Ihrem Kind helfen, sich in seiner Sprache auch weiter positiv zu entwickeln. Sollte Ihr Kind noch nicht soweit sein wie oben geschildert, besteht jedoch kein Grund zur Panik. Die hier aufgeführten Durchschnittswerte sind Richtlinien, von denen Abweichungen um Wochen oder Monate absolut im Rahmen liegen. Wenn Sie bei Ihrem Sohn oder Ihrer Tochter aber deutliche Verzögerungen in der Sprachentwicklung feststellen, sprechen Sie mit Ihrem Kinderarzt darüber. Er wird Ihr Kind gründlich untersuchen und Ihnen eventuell raten, zu einem Spezialisten zu gehen. Das kann zunächst ein Hals-Nasen-Ohren-Arzt sein, oder einer der Fachleute, die Ihnen am Ende des Buches einen Einblick in ihre Arbeit geben. Und natürlich können Sie sich auch in Ihrer BARMER-Geschäftsstelle informieren.

Drei Chinesen
mit dem Kontrabaß

Sprache lernen mit Liedern
und Gedichten

Was hat Sprache mit Musik zu tun?

Unsere Sätze haben eine Melodie, die sogenannte Satzmelodie. Besonders deutlich wird das bei einer Frage: Am Ende hebt sich die Stimme. Die Sprache hat außerdem einen bestimmten Rhythmus. Klatschen Sie mit den Kindern zum Beispiel beim eigenen Namen für jede Silbe einmal: Jo - nas, Ka - tha - ri - na. Das empfiehlt auch Frau Eckert aus Lünen. Melodie und Rhythmus bestimmen die Musik, genau wie die Sprache. Es kann also nicht überraschen, daß das Sprachempfinden und das Musikempfinden eng zusammenhängen. Die Sprachentwicklung eines Kindes läßt sich mit Hilfe der Musik fördern. Umgekehrt vermitteln Sprachspiele, Gedichte, Sprüche und Reime ein besseres Gefühl für Musik.

Der Rhythmus

Die meisten Kinder wiegen sich rhythmisch im Takt der Musik, bevor sie überhaupt laufen können. Kaum stehen sie sicher, unternehmen sie schon erste Tanzversuche. Genauso hat sich auch das Gefühl für den Rhythmus der Sprache entwickelt, bevor das Kind tatsächlich seine ersten Worte spricht. Am besten läßt sich der Rhythmus eines Liedes oder eines Gedichtes erfassen, wenn man ihn in Bewegung umsetzt. Beim Klatschen der Namen haben wir das bereits erprobt. Viele Kinderlieder enthalten rhythmische Bewegungselemente. Die klassischen „Kniereiter" wie „Hopp, hopp, hopp, Pferdchen lauf Galopp" oder „Hoppe, hoppe Reiter" – Familie Schäfer aus Berlin „reitet" besonders gern – setzen den Rhythmus beispielsweise in die Bewegung der Knie des Erwachsenen um, der das Kind auf dem Schoß hält.

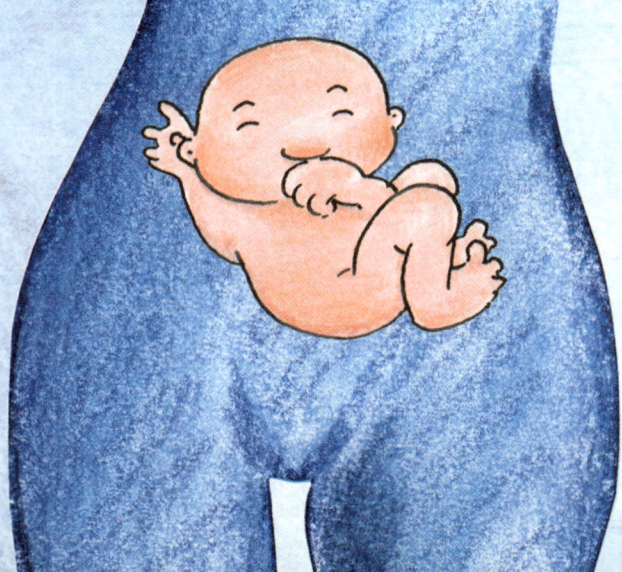

Kinderlieder und Gedichte

Lieder und Gedichte haben im Vergleich zur gesprochenen Sprache einen besonders deutlichen Rhythmus. Dadurch leisten sie einen ganz entscheidenden Beitrag zur Förderung der Sprachentwicklung von Kindern. Hinzu kommt, daß der Text durch die einfache Melodie der Lieder und die Reime am Ende der Gedichte sehr einprägsam ist.

Natürlich kann es nicht Sinn der Sache sein, Kleinkinder zum „Auswendiglernen" anzuhalten. Nutzen Sie ruhige Momente, um gemeinsam ein bebildertes Buch mit Reimen oder Liedern durchzublättern. Wenn Sie selbst Spaß an der Sprache, an unsinnigen Reimen oder ulkigen Wendungen haben, können Sie die Freude weitergeben – und genau darum geht es: Lieder, Gedichte, Sprüche und Reime sollen dem Kind zeigen, daß der Umgang mit Sprache Spaß macht! Dabei sind alle Abwandlungen erlaubt. Je nach Situation können Sie jeden Spruch oder jedes Lied „umdichten". Das Kind erfährt: Mit Sprache kann und darf, ja soll man spielen. Dann lassen Sie sich wiederum anstecken von der Freude des Kindes an Wortspielereien. Zum Beispiel wird:

Tip:

Nehmen Sie sich Zeit, ein geeignetes Buch mit Kinderliedern oder Reimen auszusuchen. Allzu viele „rauschende Wäldchen", „schattige Haine" und „laue Lüfte" sind unserer heutigen Lebenssituation einfach nicht mehr angemessen und verderben leicht den Spaß an der Sache. Besser geeignet sind kurze, freche Sprüche und Lieder in der modernen Alltagssprache.

„Suse, liebe Suse,
was raschelt im Stroh?
Die Gänse gehen barfuß
und haben kein' Schuh!"

zu:

„Lukas, lieber Lukas,
was schimpfst du denn so?
Die Nudeln sind doch lecker,
nun mecker nicht so!"

Geräusche im Bauch

Die Hörfähigkeit des Menschen beginnt nicht erst mit der Geburt. Schon im Laufe des vierten und fünften Schwangerschaftsmonats läßt sich feststellen, daß Föten auf Geräusche reagieren. Das Ohr ist das einzige Organ, das schon im Mutterleib voll ausgebildet ist! Fast einhellig sind die Forscher inzwischen zu der Überzeugung gelangt, daß das ungeborene Kind neben dem mütterlichen Herzschlag auch Töne wahrnimmt und nach der Geburt wiedererkennt. Das sind die Stimmen der Mutter, des Vaters und anderer enger Bezugspersonen in ihrem Umfeld, aber eben auch Lieder und Melodien.

Ammenmärchen?

Babys reagieren auf die menschliche Stimme mit deutlichen Zeichen von Aufmerksamkeit und Freude. Erfahrene Ammen haben Babys zu allen Zeiten in den Schlaf gesungen. Die dabei typischen Schaukelbewegungen spiegeln zum einen den Rhythmus des Liedes, zum anderen rufen sie im Baby wohlige Erinnerungen an die Schwerelosigkeit im Fruchtwasser hervor.

Tip:

Singen Sie Ihrem Kind jeden Abend vor dem Einschlafen das gleiche, einfache Lied vor. Wiegen Sie es dabei im Takt der Musik sanft hin und her, bevor Sie es in sein Bett legen. Solche ständig wiederkehrenden Rituale geben dem Kind das Gefühl von Sicherheit und Geborgenheit. Auch die ruhigen, entspannten Momente nach dem Füttern, beim Wickeln oder zur Begrüßung am Morgen eignen sich für kleine musikalische Einlagen.

Die Hände „singen" mit

Wenn das Kind ab dem vierten oder fünften Lebensmonat immer aufmerksamer und neugieriger wird, können Sie anfangen, die Lieder mit passenden Hand- oder Fingerbewegungen zu begleiten. Sie werden feststellen, daß Ihr Kind bald schon aus lauter Vorfreude zu quietschen und zu lachen beginnt, wenn es auf eine bestimmte Geste wartet.

Wie das Fähnchen auf dem Turme
sich kann drehn bei Wind und Sturme,
so sollen sich deine Händchen drehn,
daß es eine Lust ist, anzusehn!

Deuten Sie passend zum Text mit beiden Händen ein sich drehendes Fähnchen an.

Kinder lernen die Melodien der Lieder, die sie täglich hören, erstaunlich schnell. Lange bevor sie den Text mitsingen können, versuchen sie, die Melodie mitzusummen oder zu lallen. Manche Kinder beginnen damit schon vor dem ersten Geburtstag.

Hörspiele

Kleine „Hörspiele" können dazu beitragen, die Hörfähigkeit des Babys zu entwickeln.

- Sprechen Sie mit dem Kind leise und sanft in verschiedenen Tonlagen, flüstern Sie in der Nähe seines Ohres oder überraschen Sie es mit lustigen Schnalzlauten.
- Lassen Sie dem Kind bei einem Spaziergang Zeit, die Geräusche der Umgebung wahrzunehmen. Erst nach einer Weile beginnen Sie damit, einzelne Laute – wie etwa das Rattern einer Eisenbahn oder das Klopfen des Spechts – nachzuahmen und die Aufmerksamkeit des Kindes auf dieses spezielle Geräusch zu lenken.
- Zerknüllen Sie ein Blatt Zeitungspapier in der Nähe des Kindes und warten Sie auf die neugierige Reaktion, bevor Sie ihm die Quelle des Geräusches zeigen.

Das Handwerkerlied
(Volkslied)

◉ Wer will fleißige Handwerker sehn,
der muß zu uns Kindern gehn!
Stein auf Stein, Stein auf Stein,
das Häuschen wird bald fertig sein!

◉ Tauchet ein, tauchet ein,
der Maler streicht die Wände fein!

◉ Oh wie fein, oh wie fein,
der Glaser setzt die Scheiben ein!

◉ Zisch, zisch, zisch, zisch, zisch, zisch,
der Tischler hobelt glatt den Tisch!

◉ Stich, stich, stich, stich, stich, stich,
der Schneider näht ein Kleid für dich!

◉ Trapp, trapp, drein, trapp, trapp, drein,
jetzt gehn wir von der Arbeit heim!

In der ersten Strophe stellen die Hände Steine dar, die im Takt der Musik übereinander geschichtet werden, bis das Haus hoch genug ist. Der Reihe nach deuten Sie so alle Tätigkeiten mit den Händen an. In der Schlußstrophe laufen die Finger müde von der Arbeit nach Hause. Sie werden feststellen, daß besonders jüngere Kinder die verschiedenen Tätigkeiten der Handwerker begeistert verfolgen und schon bald nachmachen.

Versuchen Sie auch, den Text von traditionellen Volks- und Kinderliedern je nach Anlaß und Laune zu variieren. Das folgende Lied wird zum Beispiel zur Melodie von „Bruder Jakob" gesungen. Setzen Sie den Namen Ihres Kindes ein, und erfinden Sie immer neue Strophen dazu:

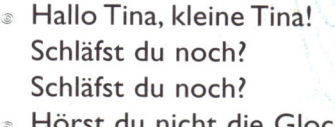

- Hallo Tina, kleine Tina!
  Schläfst du noch?
  Schläfst du noch?
- Hörst du nicht die Glocken?
  Zeig mal deine Socken!
  Bim Bim Bam!
  Bim Bim Bam!

Untermalen Sie den Text mit Bewegungen:
„Hallo" = winken,
„schlafen" = Kopf zur Seite legen,
„hören" = Finger ans Ohr legen,
„Socken" = an den Füßen kitzeln.

Drei Chinesen mit dem Kontrabaß
(Volkslied)

- Drei Chinesen mit dem Kontrabaß
  saßen auf der Straße und erzählten sich was.
- Da kam die Polizei: „Ei, was ist denn das?"
  Drei Chinesen mit dem Kontrabaß!

Aus diesem Lied wird ein Riesenspaß, wenn alle Vokale durch einen einzigen ersetzt werden, zum Beispiel:
„Dri Chinisin mit dim Kintribiß ..."
oder
„Dre Chenesen met dem Kentrebeß ..."

Auch für Bewegungselemente bleibt genug Raum. Zuerst wird der Kontrabaß gestrichen, dann deuten die Hände das fröhliche Geplauder der Chinesen an, schließlich droht der Polizist im Takt der Musik mit dem Zeigefinger.

Die ersten „Instrumente"

Sobald ein Baby gezielt nach Gegenständen greift, können Sie ihm erste „Musikinstrumente" anbieten. Gedämpfte oder helle Geräusche begrüßt es zunehmend mit freudigem Strampeln oder fröhlichem Glucksen. Besonders beliebt sind deshalb Rasseln in verschiedensten Ausführungen. In viele Stofftiere für Babys sind außerdem kleine Glöckchen eingenäht. Wichtig ist, daß die Kinder, die in diesem Alter noch alles in den Mund nehmen, die Kleinteile nicht abkauen können.

Selbstgemachte „Instrumente" für Kleinkinder

Etwa zwischen dem ersten und dem zweiten Geburtstag können Sie Ihrem Kind dann auch selbstgebaute Instrumente anbieten.

„Die Blechbüchsen-Armee"

Leere Blechdosen eignen sich wunderbar als Musikinstrumente für Kleinkinder. Füllen Sie jede Dose mit unterschiedlichen Materialien wie Reiskörnern, Linsen, Zucker oder Büroklammern. Sie brauchen nur eine kleine Menge des jeweiligen Füllmaterials. Dann müssen Sie die Dosen gut verschließen. Wenn es keine passenden Deckel mehr gibt, können Sie sie auch aus festem Pappkarton in entsprechender Größe schneiden. Mit buntem Klebeband werden die Deckel dann fest verklebt. Umwickeln Sie mit dem Band auch alle schärferen Kanten, damit sich das Kind nicht verletzt.

Jede Dose wird nun anders scheppern. Man kann sie leichter oder fester schütteln, umdrehen oder mit einem Holzlöffel darauf schlagen – immer entstehen neue Geräusche. Beobachten Sie die Entdeckermiene Ihres Kindes und teilen Sie seine Freude an den neuen, aufregenden Erfahrungen.

Viel Lärm um nichts

Kleine Kinder haben ein ganz anderes Geräuschempfinden als wir. Wählen Sie deshalb einen günstigen Zeitpunkt für ihre gemeinsame „Musikstunde" aus. Es muß ja nicht gerade die Zeit der Mittagsruhe sein, wenn Sie Ihrem Kind anbieten, nach Lust und Laune zu trommeln, zu rasseln und zu scheppern. Ihr Kind wird von seiner Fähigkeit, immer neue, immer lautere Geräusche zu erzeugen, so begeistert sein, daß die Grenzen zum ohrenbetäubenden Lärm schnell überschritten sind. Lassen Sie Ihr Kind trotzdem eine Weile gewähren! Je älter das Kind wird, desto eher ist es bereit, den Instrumenten auch die zarten, leisen Töne abzugewinnen.

Das „Kamm-Orchester" für Vor- und Grundschulkinder

Ganz einfach ist es nicht, einem Kamm „Musik" zu entlocken, aber mit etwas Übung und Geduld geschehen wahre Wunder!
An Materialien wird für jedes Mitglied des „Kamm-Orchesters" nichts weiter benötigt als ein Plastikkamm mit engstehenden Zinken und ein Stück Pergamentpapier. Das Papier spannen Sie nun so mit beiden Händen vor den Kamm, daß es oben mit den offenen Zinken abschließt.
Jetzt wird mit leicht geöffneten Lippen eine Melodie auf den Konsonanten „D" gegen das Papier gesummt (du - du - du). Dabei wird der Luftstrom so lange verändert, bis das Papier mit der Stimme „mitschwingt". Wer den richtigen Ansatz für die Lippen gefunden hat, wird staunen, wie intensiv die Klänge sind!
Das „Kamm-Blas-Instrument" funktioniert übrigens nur in Verbindung mit der Stimme. Hauchen und Flüstern können es nicht zum Schwingen und Klingen bringen.

Sprüche, Zungenbrecher und unsinnige Reime sollen Spaß machen und ein richtiges Feuerwerk an Wortspielen entfachen! Lesen Sie die Texte immer wieder gemeinsam durch. Spielen Sie dabei mit der Betonung. Das überlieferte Gedicht von der kleinen Hexe können Sie z. B. wunderbar „leiern": „Mórgens frúeh um séchse ..." Jeder Akzent steht für eine besonders starke Betonung der entsprechenden Silbe. Ein anderes Mal legen Sie die ganze Spannung jeder Zeile auf das Reimwort am Ende.

Die kleine Hexe

⊚ Morgens früh um sechse
kommt die kleine Hexe;

⊚ morgens früh um sieben
schabt sie gelbe Rüben;

⊚ morgens früh um acht
wird Kaffee gemacht;

⊚ morgens früh um neune
geht sie in die Scheune;

⊚ morgens früh um zehne
holt sie Holz und Späne;

⊚ feuert an um elfe,
kocht sie bis um zwölfe
Fröschebein und Krebs und Fisch:
Hurtig, Kinder, kommt zu Tisch!

Lassen Sie nach einigen Wochen probeweise das Reimwort aus. Je nach Alter und Sprachvermögen kann das Kind den Reim vielleicht schon ergänzen: „Morgens früh um sechse, kommt die kleine ..." – „HEXE!"

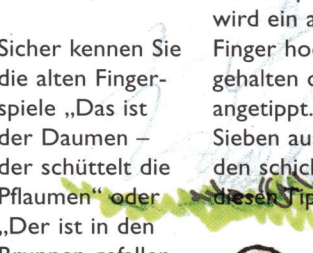

Sicher kennen Sie die alten Fingerspiele „Das ist der Daumen – der schüttelt die Pflaumen" oder „Der ist in den Brunnen gefallen, der hat ihn wieder rausgeholt". Zu jeder Zeile dieser Sprüche wird ein anderer Finger hochgehalten oder angetippt. Familie Sieben aus Straden schickte uns diesen Tip.

◎ Das ist der Daumen,
◎ der schüttelt die Pflaumen (Zeigefinger)
◎ der liest sie auf (Mittelfinger)
◎ der trägt sie nach Haus (Ringfinger)
◎ und der kleine Schelm
  ißt sie alle auf! (Kleiner Finger)

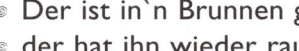
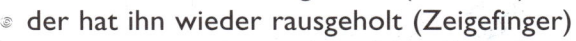

◎ Der ist in`n Brunnen gefallen (Daumen)
◎ der hat ihn wieder rausgeholt (Zeigefinger)
◎ der hat ihn ins Bett gelegt (Mittelfinger)
◎ der hat ihn zugedeckt (Ringfinger)
◎ und der kleine Schelm da
  hat ihn wieder aufgeweckt! (Kleiner Finger)

Weniger bekannt ist der lustige „Zwergenstreit":

◎ Da droben auf dem Berge,
  da ist der Teufel los!
◎ Da zanken sich fünf Zwerge
  um einen dicken Kloß.
◎ Der erste will ihn haben,
◎ der zweite läßt ihn los,
◎ der dritte fällt in`n Graben,
◎ dem vierten platzt die Hos,
◎ der fünfte schnappt den Kloß
  und ißt ihn auf mit Soß!

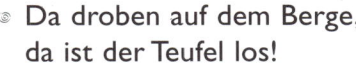

Zuerst deuten die Hände den Berg an, dann beschreiben sie den „dicken Kloß". Jetzt wird für jeden Zwerg vom Daumen bis zum kleinen Finger des Kindes ein anderer angetippt.

Bei Familie Wagner aus Bad Homburg wird dieser Spruch liebevoll begleitet. Die Mutter läßt ihre Finger zuerst wie ein Mäuslein auf dem Tisch krabbeln, bildet dann mit den Händen ein Haus, das auf dem Tisch steht, läßt ihre Finger anschließend wie eine Mücke durch die Luft fliegen, baut mit Daumen und Zeigefinger eine Brücke und läßt zum Schluß ihre Finger wie einen Floh hüpfen, der die Tochter dann am Hals kitzelt.

Die meisten Kinder lieben auch die Fingerspiele, bei denen es am Ende „handgreiflich" wird.

⸙ Kommt ein Mäuslein,
baut ein Häuslein,
⸙ kommt ein Mücklein,
baut ein Brücklein,
⸙ kommt ein Floh,
und der macht – so ...

⸙ Kommt ein Wassermännlein
mit dem Wasserkännlein,
⸙ geht den Berg 'rauf,
klopft an:
⸙ „Guten Tag, Herr Nasemann!"

Das Wassermännlein wird mit Zeige- und Mittelfinger einer Hand dargestellt. Es läuft den „Berg" über die Schulter bis zur Stirn hinauf, klopft dort an und schüttelt dem „Nasemann" kräftig die Hand.

Zungenbrecher

Eine tolle Art, sich spielerisch mit der Sprache zu beschäftigen, sind Zungenbrecher. Viel Konzentration ist erforderlich, um hier nicht über die Laute zu stolpern! Ziel ist es, die Sprüche immer schneller fehlerfrei zu sprechen, schreibt Herr Martens aus Alfter.

⸙ Fischers Fritze
fischt frische Fische.
Frische Fische
fischt Fischers Fritze.

⸙ Blaukraut bleibt Blaukraut
und Brautkleid bleibt Brautkleid!

⸙ Der Kottbusser Postkutscher
putzt den Kottbusser Postkutschkasten.

⸙ Zwischen zwei Zwetschgenzweigen
zwitschern zwei Schwalben.

Ich sehe was,
was du nicht siehst, und das ist ...

**Sprachspiele auf den ersten
oder zweiten Blick**

In vielen Zuschriften haben Sie dieses bekannte Sprachspiel empfohlen, ebenfalls Memory. Weil wir sicher sind, daß Sie sie kennen, finden Sie alle diese Spiele nicht auf den nächsten Seiten. Aber die Sprachspiele mit dem ganzen Körper von Familie Heg- mann aus Essen sowie die Spiele von Frau Suckert aus Wallsbüll, die das Gedächtnis trainieren. Auch die Lügengeschichten, die bei Familie Schindler aus Augsburg und bei den Kietzmanns in Leipzig erzählt werden. Und natürlich Dingsda, das Familie Kubitz aus Bautzen viel Spaß macht.

Sch ... eibenkleister

⌇⌇⌇ Vor lauter Ärger möchte man manchmal am liebsten „Scheiße" sagen. Da das aber nicht schön klingt, verwenden viele dafür „Ersatz- wörter", zum Beispiel Sch...eibenkleister oder Sch...okolade. Wenn du mit deinen Freundinnen nachdenkst, fallen dir garantiert noch viele Sch...impfwörter ein. Wer wohl die meisten kennt? Wenn ihr es ganz besonders spannend machen wollt, dann dehnt das Sch... so lange, wie ihr nur könnt. Also, holt vorher genügend Luft, und los geht's! Zum Beispiel Sch...iffer- klavier, Sch...wenkbraten, Sch...lüsselbrettchen, Sch...usterladen, Sch...lammsch...lacht.

Der verrückte Küchenmeister

⌇⌇⌇ Hast du schon einmal Matjeshering mit Himbeersauce gegessen, Huhn mit Wackelpeter oder Nudelauflauf mit Vanille- sauce? Brrr, sagst du. Welcher verrückte Küchenmeister denkt sich denn so etwas aus? Du! Genau! Mit deinen Freunden veran- staltest du einen Wettbewerb, wer die lustigsten Menüs zusam- menstellt (zu einem Menü gehört eine Vorspeise, ein Haupt- gericht und - lecker, lecker! - der Nachtisch). Aber es gelten nur Rezepte, die wirklich Eßbares enthalten, also Fleisch, Gemüse, Gewürze, Kräuter, Obst und so weiter. Schuhcreme oder Zahn- pasta haben nichts in den Kochtöpfen zu suchen. Jeder Koch macht drei Menüvorschläge. Wer das ulkigste Menü erfindet, ist Sieger und erhält den Titel „Der verrückte Küchenmeister".

Höllisches Gelächter

⸰⸰⸰ Lachst du gerne? Na klar! Hör mal genau hin: Jedes Lachen klingt anders. Der eine lacht hahaha, der andere hohoho. Bei dem nächsten hört es sich an wie hehehe oder hihihi. Einige lachen höhöhö oder hühühü, bei manchen klingt es sogar wie huhuhu. Weißt du, wie sich höllisches Gelächter anhört? So klingt es, wenn alle laut durcheinander lachen. Mit deinen Freunden oder Freundinnen kannst du es ganz leicht nachmachen. Jeder Spieler sucht sich zuerst eine „Lache" aus, die ihm besonders gut gefällt oder die am besten zu ihr paßt. Dann stellen sich alle etwas Lustiges vor und legen gleichzeitig los: Alle lachen höllisch durcheinander. Dabei darf aber jeder die „Lache" wechseln, wenn es ihm gefällt, also von hahaha bis huhuhu. So könnt ihr tolle Töne hervorbringen und höllisch lachen, bis euch die Augen tränen.

Das Korken-Telefon

⸰⸰⸰ Sicher hast du schon einmal telefoniert. Dabei ist dir vielleicht aufgefallen, daß du nicht alle Laute gleich gut verstehst. „S" zum Beispiel klingt oft wie „F". Stell dir vor, du telefonierst mit deinen Freundinnen, die Verbindung ist aber nicht sehr gut. Deshalb müßt ihr ganz besonders deutlich sprechen. Für das Spiel braucht ihr einen Ball und für jede einen Korken. Du fängst an. Klemm dir den Korken zwischen die Zähne und wirf den Ball deiner ersten Gesprächspartnerin zu. Mit dem Korken zwischen den Zähnen versuchst du nun, ihr etwas mitzuteilen, und zwar so deutlich wie möglich. Zum Beispiel: „Hallo Uschi, wollen wir zusammen schwimmen gehen?" Uschi muß nun versuchen, das zu verstehen, was du ihr mit dem Korken im Mund gesagt hast, und es zu wiederholen. Hat sie alles richtig verstanden, wirft sie den Ball der nächsten Mitspielerin zu und sagt ihr etwas per Korken-Telefon. Wenn Uschi es nicht schafft, deine Nachricht richtig zu verstehen, dann versuch es noch einmal mit einer neuen Mitteilung bei einer anderen Partnerin.

Entdeckungsquiz auf dem Bauernhof

⊚⊚⊚ Warst du schon mal auf einem richtigen Bauernhof, wo es viele Tiere und Dinge gibt, die man in der Stadt nicht findet? Weißt du, was alles dazugehört, wer dort arbeitet und was für Tiere auf dem Hof leben? Du kannst das auch auf dem Bauernhof von PLAYMOBIL erfahren. Geh doch mit deinen Spielkameraden auf eine Entdeckungsreise durch das Fachwerkgebäude mit Scheune und Stall. Bei einem Quiz kannst du alle Tiere noch besser kennen lernen. Auf ein großes Blatt Papier zeichnest du mehrere Kästchen, Kreise und Dreiecke. In jedes stellst du eine Tierfigur vom PLAYMOBIL-Bauernhof: Hund, Katze, Kuh, Schaf, Schwein, Huhn, Küken, Ente, Pferd, Gans, Kaninchen, Storch und Taube. Für jedes Tier legst du ein Kärtchen mit seinem Namen oder seinem Bild an und mischst sie gut. Der älteste Spieler beginnt. Er zieht ein Kärtchen, zum Beispiel die Gans. Nun muß er fünf Fragen beantworten, die du auf die Rückseite der Karte geschrieben hast:

1) Was fressen Gänse?

2) Welchen Laut machen sie?

3) Wie sehen sie aus?

4) Wie nützen sie dem Menschen?

5) Wie bewegen sie sich?

Wer alles weiß, darf die kleine Gans von PLAYMOBIL vom Spielfeld nehmen. Sonst bleibt sie stehen, und der nächste Spieler zieht eine Karte. Wer am Schluß die meisten Tiere vom Bauernhof hat, der hat gewonnen.

Antworten:
1) Gras, Würmer, Körner
2) sie schnattern
3) weiß, mit langem Hals
4) ihre Federn füllen Kissen und Decken
5) sie können fliegen, watscheln, schwimmen

Tiere im Zoo

◦◦◦ Beim Besuch im PLAYMOBIL-Zoo triffst du viele Tiere. Von den Zweigen der höchsten Bäume fressen die Giraffen die Blätter. Manchmal ärgern sie die Schimpansen, die sich von Ast zu Ast schwingen. Die Tiger sind sogar so gefährlich, daß sie im Raubtier-Käfig bleiben müssen, wenn die Wärter sie füttern. Zum Glück für die Zebras schlafen die Löwen fast den ganzen Tag! Am Wasserbecken duscht die Elefantenfamilie, im Wasser schwimmen und tauchen Schildkröten und Seelöwen. Die dicken Flußpferde fressen riesige Mengen Heu. Nebenan im Streichelzoo meckert die Ziege, ein Reh schaut schüchtern hinterm Baum hervor, auf dem die flinken Eichhörnchen herumturnen. Das Känguruh-Baby guckt ganz neugierig aus dem Beutel der Mutter zu den Hasen, die an einer Mohrrübe knabbern.

Was ist grau und hat ganz große Zähne?

◦◦◦ Mal sehen, wie gut deine Freunde die Tiere kennen. Du bist der Zoowärter: Alle Tiere aus dem PLAYMOBIL-Wildpark und deinem Zoo hast du eingefangen und versteckst sie in einem Beutel oder einer Schachtel. Mutig greifst du mit verbundenen Augen rein und holst ein Tier raus – die anderen dürfen es nicht sehen! Du nimmst die Augenbinde ab, versteckst die Figur in deiner Hand und beschreibst sie, ohne den Namen zu nennen: „Das Tier, das ich meine, ist grau." Die Zoobesucher müssen nun raten, welches Tier gemeint ist. Ob sie das schaffen? Vielleicht mußt du noch einen Hinweis geben: „Es hat große Zähne." Mach es den Mitspielern nicht zu leicht. Wenn sie es nach drei Fragen immer noch nicht wissen, kannst du dich so bewegen und so brüllen oder rufen, wie es das Tier tut. Wer dein Rätsel zuerst löst, gewinnt und ist jetzt der Zoowärter.

playmobil®

Das kleine Ups

⚬⚬⚬ Bestimmt hast du schon einmal Dingsda im Fernsehen gesehen. Bei diesem Spiel kommt es darauf an, Dinge zu beschreiben, ohne ihren richtigen Namen zu nennen. Wenn ein Kind das Wort aus Versehen doch ausspricht, ertönt ein „Ups". Das kannst du auch spielen. Such einige Gegenstände zusammen, zum Beispiel einen Löffel, ein Spielzeugauto, einen Bleistift, ein T-Shirt und anderes. Setz dich mit deinen Freunden in einen Kreis. Bildet zwei Gruppen. Du fängst an, nimmst das Spielzeugauto und hältst es in die Höhe – aber so, daß die anderen aus deiner Gruppe es nicht sehen können. Du sagst: „Was ist das? Sagt mir, wozu das nütze ist, doch nennt mir nicht seinen Namen." Nun muß die zweite Gruppe ausführlich erklären, was man mit dem gezeigten Gegenstand tun kann und wozu man ihn benutzt – aber ohne seinen Namen zu nennen. Zum Beispiel so: „Mit dieser Blechkiste auf vier Rädern kann man verreisen und Dinge von einem Ort zum anderen transportieren." Wenn die Mitspieler aus deinem Team den gezeigten Gegenstand raten, ohne daß die andere Gruppe den Namen genannt hat, dürft ihr weitermachen. Auch wenn das „Ups" zu hören war, macht deine Gruppe weiter.

Penguin, Giruffe und Olofant – Wer hat den falschen Ton erkannt?

⚬⚬⚬ Bei diesem Spiel bildet jeder einen Satz, in dem ein Tier vorkommt. Der Satz hat nur einen Fehler: Der Name des Tieres stimmt nicht ganz. Einer der Laute a, e, i, o, u, ä, ö, ü oder y ist vertauscht. Statt Pinguin sagt der Spieler Penguin, anstatt Giraffe sagt er Giruffe und statt Elefant Olofant. Deshalb heißt dieses Spiel auch: „Penguin, Giruffe und Olofant – Wer hat den falschen Ton erkannt?" Du beginnst das Spiel zum Beispiel mit dem Satz: „Im Zoo habe ich viele Uffen gesehen." Der Mitspieler, der den Fehler zuerst erkennt und „Stop" ruft, muß das Wort richtig aussprechen, also „Affen", und darf weitermachen.

Der Wortwürfel-König

🐌🐌🐌 Bastel dir einen Würfel und male folgende
Laute auf die Würfelseiten: A/Ä, E, I, O/Ö, U/Ü
und Y. Mit deinen Freunden kannst du nun
„Wörter würfeln". Der älteste Spieler würfelt
zuerst, vielleicht E. Nun muß er ein Wort sagen,
daß mit E beginnt, zum Beispiel Eltern, Essen
oder Elster. Gelingt es ihm, so bekommt er
einen Punkt. Jetzt würfelt der nächste einen
Buchstaben und macht weiter.
Du kannst die Spielregeln auch erschweren,
indem du Wörter aus einem Laut in Verbindung
mit einem anderen bilden läßt. Wenn du also
noch einen Würfel bastelst, bei dem zum Beispiel K, S, F, D, R und H auf den Seiten steht,
kannst du beides miteinander verbinden.
Wer A mit dem einen und K mit dem anderen
Würfel wirft, kann Wörter mit „Ak" wie
„Akazie" und „Ka" wie „Kasten" sagen. Je mehr
Buchstaben das Wort hat, desto mehr Punkte
gibt es. Wer wird wohl der Wortwürfel-König?

Teller, Tasse und Tablett

🐌🐌🐌 So ein Abwasch kann ganz schön lästig
sein. Wenn dir aber jemand aus deiner Familie
dabei hilft, geht es bestimmt ganz schnell.
Bei diesem Spiel gilt es herauszufinden, wer das
meiste Geschirr abwäscht oder abtrocknet.
Jeder merkt sich die Gegenstände, die er in den
Händen hatte. Nach jedem neuen Gegenstand
oder jeder Sorte Geschirr erweitert er seine
Liste und zählt sie von neuem auf.
Also: ein Teller, zwei Teller, drei Teller, eine Tasse,
zwei Tassen, ein Eierlöffel und immer so weiter.
Wer wohl die längste Liste zusammenkriegt?

Der Bulldozer im Koffer

◎◎◎ Aus einer Fülle von bunten Bauteilen ein Motorrad oder einen Bagger zusammenzubauen, das grenzt für viele schon an Zauberei. Für dich ist das aber kinderleicht, denn du hast ja einen Baukasten, den Bulldozer im Werkzeugkoffer von Meccano Junior. Weil du mit richtigem kleinem Werkzeug die Schrauben und Muttern festziehst, wirst du ganz fix sogar einen Gabelstapler oder ein Motorrad hinkriegen. Lesen mußt du dafür nicht können. Vielleicht läßt du dir von deinen Eltern helfen, die dir erklären, wo oben oder unten ist, wie du links oder rechts herum schraubst. Dann bist du bestimmt noch schneller im Zusammenbauen von einem der zehn verschiedenen Modelle, die in diesem Meccano Junior Werkzeugkoffer stecken.

Buchstaben zum Zusammenschrauben

◎◎◎ Und wenn du auch noch nicht richtig schreiben kannst, so kennst du natürlich schon längst ein paar Buchstaben. Du weißt ja, das sind die Zeichen, aus denen Wörter zusammengesetzt sind. Den ersten Buchstaben nennt man Anfangsbuchstaben. Bei dem Vornamen Claudia ist das ein C, bei Adrian ein A. Viele dieser Buchstaben kannst du mit den Teilen aus deinem Meccano Junior Baukasten bauen. Das Dreieck mit dem Querstück in der Mitte ist sogar schon fast ein A. Du mußt es nur noch an den beiden Seiten ein bißchen verlängern, indem du zwei Leisten dranschraubst – fertig.

Jetzt probier doch einmal aus, welche Buchstaben du außerdem bauen kannst. Und damit das ganze nicht zu einfach für dich wird, darfst du, wenn du schon sechs Jahre alt bist, nur die roten oder nur die gelben Teile nehmen. Na, wie viele Buchstaben schaffst du?

Wenn du schon acht Jahre alt bist, dann ist Evolution 2 der richtige Baukasten für dich. 25 unterschiedliche Modelle kannst du bauen, vom Trike (das ist ein Motorrad mit drei Rädern) über eine Seilbahn bis zum Kran. Mit den Stoßdämpfern sind die Fahrzeuge so gut gefedert, daß sie auch über holprige Pisten rattern können. Der Motor sorgt für den nötigen Schwung, um auch kleine Steigungen zu überwinden.

Hubschrauber drehen und Wörter suchen

⋙ Ist das Gelände aber zu holprig, muß der Hubschrauber ran. Da dreht sich der Rotor fast so schnell, daß der Helikopter durch dein Kinderzimmer fliegt. Du hältst ihn natürlich fest in der Hand, damit du ihn richtig steuern kannst. Nun setzen sich alle, die mitspielen wollen, einander gegenüber. Den Motor, der den Rotor auf dem Dach dreht, schaltest du mit dem Daumen ein. Mit geschlossenen Augen schaltest du ihn wieder aus, der Rotor steht still. Jetzt wird es spannend: Auf wen zeigen die beiden Enden? Die beiden spielen gegeneinander die Wörter-Suche.
Einer nennt drei Dinge, der Partner soll den Oberbegriff erraten. (So nennt man das Wort, das verschiedene Sachen mit einer Gemeinsamkeit beschreibt. Fahrräder, Busse und LKWs sind zum Beispiel Fahrzeuge.) Sagt er also Sportwagen, Cabrio und Taxi, heißt die richtige Lösung .... genau, Auto! Hat es der Mitspieler nicht innerhalb von zehn Sekunden geschafft, dürfen die anderen raten. Wer es rauskriegt, bekommt jetzt den Meccano-Hubschrauber, der Rotor dreht sich, das Spiel geht weiter. Wie heißt der Oberbegriff für Makrele, Hai und Forelle? Mehr Tips kriegst du nicht! Du hast doch bestimmt selbst ganz viele Ideen.

Großeinkauf fürs neue Bad

♪ ♪ ♪ Stell dir vor, du müßtest euer Badezimmer
völlig neu ausstatten mit Seife, Zahnbürste,
Creme, Handtüchern, Putzmitteln und, und, und.
Schnapp dir deine Freundinnen, sie helfen dir
beim Einkauf. Du brauchst Stifte, ein großes
Blatt Papier und viele kleine Zettel.
Jede nimmt sich ein paar und schreibt auf, was
sie für das neue Badezimmer kaufen möchte –
pro Zettel einen Gegenstand. Dann sammelst du
alle Notizen ein und sortierst sie. Manches ist
sicher mehrfach aufgeschrieben worden, zum
Beispiel sieben Seifen und fünf Quietsch-Enten.
Aber drei Stück Seife und zwei Quietsch-Enten
genügen wahrscheinlich. Dafür fehlt vielleicht
manches, zum Beispiel die Toilettenbürste oder
der Duschvorhang. Wenn ihr alles beisammen
habt, listet ihr es auf dem großen Blatt Papier
auf. Das ist eure Einkaufsliste.
Für die Küche, dein Kinderzimmer oder den
Hobbykeller ist dann die nächste Liste fällig.
Viel Spaß beim Einkaufen!

Eine blinde Kuh macht muh ...

≈≈≈ „Blindekuh" hast du bestimmt schon einmal gespielt. Hier gibt es sogar zwei blinde Kühe! Beide suchen, eine rät! Und die Mitspieler muhen um die Wette.

So geht's: Bildet zwei Gruppen, die eine macht „muh", die andere „müh". Jede Gruppe lost ihre „blinde Kuh" aus, die sie ins Rennen schickt. Den beiden werden die Augen verbunden. Dann stellt ihr einen Topf auf, unter dem ihr irgendeinen Gegenstand versteckt, zum Beispiel einen Schlüsselbund. Die beiden „blinden Kühe" erhalten jeweils einen Holzlöffel und klopfen damit den Boden ab, um den Topf zu suchen. Jede Gruppe hilft ihrer „blinden Kuh", indem sie „muht" bzw. „müht". Lauter wird die Gruppe, wenn ihr Spieler sich dem Topf nähert, leiser, wenn er sich vom Topf entfernt. Wenn eine der „blinden Kühe" den Topf gefunden hat, ist das Spiel aber noch nicht zu Ende.

Beiden Spielern bleiben die Augen verbunden. Die „blinde Kuh", die den Topf gefunden hat, tastet nun den versteckten Gegenstand ab. Die andere „blinde Kuh" zählt laut bis 20. Wenn die erste in dieser Zeit rät, was für ein Gegenstand es ist, dann hat sie gewonnen. Sonst ist die zweite dran.

So werden die Punkte verteilt: einen gibt es für die „blinde Kuh", die den Topf gefunden hat, und einen für die, die den Gegenstand richtig errät.

Die Schule brennt

☺☺☺ Bau doch einmal eine Stadt mit Schule, Rathaus und Feuerwache, am besten mit den Steinen und den Spielfiguren von LEGO SYSTEM. Dann spielt ihr „Die Schule brennt". Zuerst legt ihr kleine rote Papierschnipsel auf das Dach der Schule. Einer knistert laut mit dem Papier und nennt drei Wörter, die „Feuer" beschreiben, zum Beispiel „Flammen, heiß, hell". Ein Mitspieler braust „Tatütata" mit einem Löschfahrzeug von LEGO SYSTEM heran und beschreibt das Feuerwehrauto, zum Beispiel „Sirene, rot, Leiter". Je mehr auf dem Weg zur Schule aufgebaut ist und beschrieben wird, desto länger zögert sich natürlich das Löschen hinaus. Das ist der Trick bei diesem Spiel.

Zum Löschen streut einer blaue und weiße Papierfetzen auf das Schuldach und zischt. Das ist das Wasser, das die anderen Spieler beim Kommando „Wasser marsch!" aus dem Löschwasserschlauch pumpen. Am Himmel sind jetzt so viele dunkle Regenwolken, daß es bald in Strömen gießt. Werft große weiße Papierstücke auf die LEGO SYSTEM Stadt und klatscht in die Hände, wie der Regen bei einem Wolkenbruch. Nun ist das Feuer aus, und ihr könnt wieder zur Schule gehen.

Die drei von der Tankstelle

☺☺☺ Wer im Auto reist, muß auch mal tanken, klar. An Tankstellen treffen sich ganz verschiedene Leute: Urlauber mit Kindern, LKW-Fahrer, Geschäftsleute oder Anhalter mit Rucksäcken. Du arbeitest mit zwei Kollegen in der LEGO SYSTEM Tankstelle, ab und zu bringt der Abschleppwagen Autos, die eine Panne haben. Ihr drei von der Tankstelle macht die Blechkisten wieder flott. Die anderen Mitspieler sind die Kunden. Ständig kommen sie mit den sonderbarsten Wünschen: Einer will ein Flügelauto ohne Räder, ein anderer blaues Benzin oder drei neue Blechbeulen. Wer hat wohl die verrückteste Idee? Bestimmt fallen dir und deinen Mitspielern viele ulkige Sonderwünsche ein.

Schatzsuche im Sperrmüll

◎◎◎   Du wirst staunen, was es im Sperrmüll alles zu entdecken
gibt. In deiner Phantasiestadt bist du der Spezialist von der Sperr-
müllabfuhr und braust mit deinem LEGO SYSTEM Müllwagen
oder einem Schuh als LKW durch die Straßen, um alles aufzu-
laden. Nun sucht sich jeder von euch einige Sachen aus und
überlegt sich, was sie darstellen: Eine leere Streichholzschachtel
ist zum Beispiel ein alter Kleiderschrank, silbriges Kaugummi-
papier ein antiker Spiegel, das bunte Blatt Papier aus einer Zeitschrift wird zur Tapete. Jeder Spieler muß
nun raten, was der Gegenstand, den
sein Nachbar vorzeigt, darstellen
soll. Was nicht erraten wird, das
holt am Ende der Müllwagen ab,
wie in der LEGO SYSTEM Stadt.

Kleb dir eine Plapperschlange

◎◎◎   Eine echte Plapperschlange ist eine, die endlos lustige Wörter aneinanderreiht und das Maul nicht mehr zukriegt. Du kannst
ganz leicht eine basteln. Zuerst malst du eine Schlange. Dann
schneidest du mit deinen Freunden viele Streifen aus Papier.
Auf den ersten schreibst du das Wort „Katzen" und klebst ihn
auf die Zunge, die aus dem Maul heraushängt. Dann sucht ihr ein
Wort, das zu „Katzen" paßt – genau, „Klo"! Das schreibst du
wieder auf und klebst den Streifen an „Katzen", so daß daraus „Katzen-Klo" wird. An „Klo" klebst du zum Beispiel
„Bürste" – und so weiter, bis eine echte Plapperschlange entstanden ist. Du kannst auch verschiedenfarbige
LEGO Steine an deine Mitspieler verteilen. Den
ersten legst du und sagst das Wort „Tee". Wer das
passende zweite Wort findet, beispielsweise „Sieb",
darf einen Stein anbauen. So könnt ihr eine
bunte LEGO Plapperschlange konstruieren.
Viel Spaß!

LEGO

♪♪♪ Ra...sen
Ra...sen...mä...her
Ra...sier...ap...pa...rat
Ra...ke...ten...trieb...werk

Viele Wörter fangen nicht nur mit dem gleichen Buchstaben an, sondern sogar mit der gleichen Silbe. Silben erkennst du ganz leicht, wenn du zu dem Wort, das du sagst, in die Hände klatschst. Bei Hüh...ner...stall zum Beispiel dreimal, oder bei Di...no...sau...rier viermal. Wer das größte Wort mit den meisten Silben sagen kann, der hat den sagenhaften „Sil...ben...di...no...sau...rier" entdeckt.

Du spielst mit deinen Freunden oder deiner Familie. Einer fängt an und sagt eine Silbe, zum Beispiel: Ham... Sein Nachbar wiederholt die erste Silbe und fügt eine dazu: Ham...pel. Der nächste wiederholt das Ganze und hängt noch eine Silbe dran: Ham...pel...mann. Wenn ein Spieler nicht mehr weiterweiß, dann helfen ihm natürlich die anderen – das ist doch Ehrensache. Mal sehen, wie viele Silben das längste Wort hat, das ihr zusammensetzt.

Der Überfall der Flüsterräuber

♪♪♪ Wenn eine deiner Freundinnen Kasperlepuppen besitzt, dann spielt doch einmal „Der Angriff der Flüsterräuber". Diese berüchtigten Banditen sind deshalb so schwer zu fassen, weil man sie kaum hören kann, so leise sind sie. Und jetzt wollen sie dir, dem Kasperle und deiner besten Freundin Petra an den Kragen. Aber du legst den Räubern das Handwerk. Du kannst nämlich noch viel, viel leiser flüstern als die wilde Bande! Ein Vögelchen hat dir gezwitschert, daß die Räuber bei dir und Petra einbrechen und eure schönen Wintervorräte mopsen wollen: Nüsse, Kartoffeln, Äpfel, Salami, Käse und Bohnen. Du kommst ihnen aber zuvor, denn du schleichst dich an ihr Versteck heran und belauschst sie. Anschließend flitzt du nach Hause, dort mußt du Petra ganz leise erklären, was die Banditen vorhaben. Die muß ganz schön die Ohren spitzen, damit die Räuber nicht mitkriegen, daß ihr schon Bescheid wißt. Gemeinsam denkt ihr euch dann aus, wie ihr aus der Speisekammer eine raffinierte Falle macht, um die ganze Bande darin zu fangen.

Ganz schön ausgelassen!

≋ ≋ ≋ Welches ist dein Lieblingsbuch? Lies doch einmal deinen Freunden eine kurze Geschichte daraus vor. Dann lies sie ein zweites Mal vor. Aber wenn deine Freunde aufmerksam zuhören, werden sie bald merken, daß du manchmal ein wichtiges Wort wegläßt. Wenn es zum Beispiel bei „Käpt'n Blaubär" heißt: „So ein alter Seebär spinnt manchmal ziemliches Seemannsgarn", dann kannst du das Wort „Seebär" oder „Seemannsgarn" auslassen und dafür an dieser Stelle eine kleine Pause machen. Der erste, der die Lücke bemerkt, ruft „Stop, ganz schön ausgelassen!" Wenn er auch noch das richtige Wort sagen kann, bekommt er einen Punkt. Wer bis zum Ende der Geschichte die meisten Punkte gemacht hat, darf nun selbst etwas vorlesen und „ganz schön ausgelassen" sein.

Lustige Scharade

≋ ≋ ≋ Wenn du etwas nur mit Gesten zeigst, ohne dabei zu reden, und die anderen müssen raten, was du zeigst, dann heißt das Scharade. Für viele Berufe gibt es zum Beispiel ganz typische Haltungen oder bestimmte Bewegungen: Schwingst du ein Lasso und galoppierst durch das Zimmer, bist du natürlich ein Cowboy. Tust du mit der Hand so, als ob du einen Löffel darin hältst und in einem Topf rührst, dann bist du ...? Klar, ein Koch! Wenn sich immer zwei zusammentun, dann seid ihr viele Paare. Die spielen jetzt gegeneinander. Einer denkt sich eine Tätigkeit aus, der andere führt sie vor. Die übrigen Paare müssen nun herausfinden, um welchen Beruf es sich handelt. Am leichtesten geht es, wenn die Spielpartner gemeinsam versuchen, die richtige Lösung zu finden. Wer zuerst das Rätsel löst, darf nun selbst mit „vollem Körpereinsatz" eine Scharade vorführen.

Lügenbaron Münchhausen

◦◦◦ Lügen haben kurze Beine! Dieses Sprich-
wort bedeutet, daß früher oder später immer
rauskommt, ob jemand gelogen hat. Wenn du
aber schwindelst, dann wissen die anderen
ganz genau, daß du nicht die Wahrheit sagst.
Sobald du unglaubliche Geschichten erfindest,
wie der Baron Münchhausen, finden es alle
sogar ganz lustig. Der hat seinen Zuhörern so
phantastische Lügengeschichten erzählt, daß er
den Titel „Lügenbaron" bekam.

Was der konnte, kannst du doch auch. Wenn du
zum Beispiel zu spät zur Feier deiner besten
Freundin kommen würdest, dann wollte sie
natürlich wissen, warum. Du bist richtig clever
und erfindest die tollsten Begründungen, zum
Beispiel: „Zum Frühstück gab es Straußeneier,
die mußten viel länger gekocht werden, weil sie
so riesengroß sind. Deshalb habe ich leider den
Bus verpaßt." Faule Ausrede, sagst du? Klar!
Wetten, daß dir und deinen Freundinnen noch
viel lustigere Schwindeleien einfallen?

Also: Deine Freundin Nuran hat Geburtstag
und wartet auf ihre Gäste. Um fünf nach drei
kommt die erste zum Fest. Die Gastgeberin
fragt: „Warum kommst du zu spät?"
Marion ist um eine Ausrede nicht verlegen:
„Ich hatte kein Benzin mehr für meine Inline-
Skater, deshalb mußte ich erst zur Tankstelle!"
Nuran läßt ihr das Zuspätkommen gerade noch
einmal durchgehen. Dann kommt die nächste.
Mal sehen, was die für eine tolle Ausrede auf-
tischt. Wer die lustigste Begründung findet, ist
die neue Lügenbaronin.

Mal mal wieder!

Ideen, Spiele und Anregungen zum Pinseln

*Die Sprach-
entwicklung ist
von der gesamten
körperlichen Ent-
wicklung nicht
zu trennen. Thera-
peuten machen
darauf aufmerk-
sam, daß Kinder
mit Sprachent-
wicklungsstörun-
gen fast immer
auch Defizite im
motorischen
Bereich haben.*

Was hat Malen oder Zeichnen mit
der Sprachentwicklung zu tun?
Eine ganze Menge, denn bildnerisches
Gestalten ist ein wichtiger Schritt
in der Entwicklung eines Kindes.
Genau wie sich die Sprache immer
weiter ausbildet, verändern sich auch
die Bilder mit zunehmendem Alter.
Malen ist ein Vorgang, der die Feinmotorik sowie das Zusammenspiel
von Auge und Hand fördert – und
dabei noch Spaß macht. Es lohnt sich
jedoch, über die altersgerechte Entwicklung des Malens nachzudenken,
damit den Kindern der Spaß nicht
durch unerfüllbare Vorstellungen
oder gar Kritik der Erwachsenen
genommen wird.

Krikelkrakel

Bei den allerersten Malversuchen
freut sich das Kind über die sichtbare
Spur seiner Handbewegung auf dem
Untergrund. Dabei leiden anfangs –
wegen des mangelnden Feingefühls –
Bleistift, Papier und Untergrund ganz
beträchtlich. Bis das Kind gelernt hat,
den Druck auf das Schreibgerät zu
kontrollieren, sollten Sie am besten
Wachsmalblöcke und -birnen
einsetzen.

Auch wenn bis zum Alter von etwa
drei Jahren für die Augen ihrer Eltern
nichts Gegenständliches erkennbar ist
– die kleinen Künstler sind sehr stolz
auf die Produkte ihrer „Aktions-
kunst". Mit der ständigen Aufforderung, doch mal etwas „Richtiges" zu
malen oder gar unsere Zeichnungen
nachzumalen, kommen wir Erwachsenen nicht weiter.
Denn in den ersten Lebensjahren
geht es nicht darum, erkennbare
(Ab-)Bilder zu schaffen, die allesamt
als Kunstwerke in Sammelmappen
aufbewahrt werden. Dafür ist auch
der Papierverschleiß der kleinen
Künstler viel zu hoch. Sinnvoller ist
es, aus der Vielzahl der „Krikelkrakel"
-Bilder jede Woche eines auszusuchen
und aufzuhängen. In erster Linie sollten Sie die Freude des Kindes am
Malvorgang selbst unterstützen.
Langsam wird es dabei lernen, seine
Bewegungen besser zu kontrollieren.

Menschen ohne Kopf und Bauch

Mit drei oder vier Jahren nehmen die Bilder des Kindes dann ganz allmählich erkennbare Formen an. Eine neue Periode hat begonnen. Die ersten Figuren sind sogenannte „Kopffüßler", Strichmännchen ohne Hals und Bauch also. Strahlenartige Striche am Kopf symbolisieren Haare, Arme, Beine. Für das Kind bedeuten sie vielleicht Bewegung oder Beweglichkeit der Figur. In diesem Alter schweben Häuser, Bäume und Figuren noch frei im Raum.

Ganz von allein folgen den Kopffüßlern im Laufe der Zeit die ersten vollständigen Strichmenschen. Später stehen sie auf einer waagerechten Linie am unteren Bildrand. Diese Linie verbindet alle Dinge und Lebewesen miteinander und stellt eine feste Ordnung her.

TIP:

Fördern Sie ihr Kind in der Krikelperiode, indem Sie ausreichend (Alt-)Papier zur Verfügung stellen. Lassen Sie Ihr Kind mit verschiedenen Materialien experimentieren. Wie malt es sich auf dem Rest einer Tapetenrolle, auf Pappe oder einer Wandtafel? Stellen Sie – je nach Alter des Kindes – ab und zu Finger- oder Wasserfarben zur Verfügung. Der Zimmerboden wird dafür mit einer Plastikplane abgedeckt, das Kind trägt einen alten Kittel. (Wasserfarben gibt es für Kleinkinder in großen Tiegeln mit dicken Faustpinseln. Die handelsüblichen Farbkästen mit dünnen Pinseln sind erst für Schulkinder sinnvoll.)

Rhythmisches Malen

Beobachtet man ein malendes Kleinkind, dann fällt besonders die heftige Körperbewegung auf. Da es den Stift noch mit der ganzen Faust umfaßt, müssen die Arme kräftig mithelfen, um ihn zu führen. Viele Kinder plappern oder singen dabei und bewegen den Stift ganz ohne Aufforderung rhythmisch hin und her.

Die Freude am Malen läßt sich auch ganz konkret zur Sprachförderung nutzen. Beginnen Sie damit jedoch erst, wenn Ihr Kind mindestens fünf Jahre alt ist und den Stift schon geschickt führen kann. Fordern Sie Ihr Kind zunächst auf, Wellenlinien oder Zacken im Rhythmus eines Gedichtes zu malen. Im Vor- und Grundschulalter können Sie dann die folgenden Malspiele ausprobieren.

Hin und her

Für alle nachfolgenden Spiele brauchen Sie mindestens zwei begeisterte Maler: Der eine malt „vor" – der andere „nach".

Frau Miller aus Ravensburg ist ganz fasziniert, wie einfach sich Sprache und Motorik kombinieren lassen.

Hin und her – das ist nicht schwer.
Auf und nieder – immer wieder.
Rundherum – das ist nicht dumm.

Das Haus vom Nikolaus

◦ Das ist das Haus vom Ni-ko-laus!
　1　2　3　4　　5　6　7　8

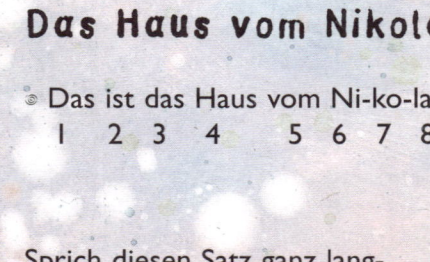

Sprich diesen Satz ganz langsam, jede Silbe betonend. Für jede Silbe zeichnest du eine Linie. Keine darf zweimal gezogen werden!

Tip: Das Haus vom Ni-ko-laus gelingt immer, wenn du links oder rechts unten anfängst.

Variante 2:
Die gleiche Zeichnung kannst du natürlich auch mit einem anderen Text probieren – zum Beispiel: Das ist der Stall vom Feld-mar-schall!
Oder was fällt dir noch ein?

Das Mondgesicht

Punkt, Punkt, Komma, Strich,
fertig ist das Mondgesicht.

Der Stoffel

Einen Kloß und 'ne Kartoffel,
fertig ist mein lieber Stoffel.

Punkt, Punkt, Komma, Strich,
fertig ist das Mondgesicht.
Gleich zwei kleine Ohren dran,
daß es nun auch hören kann.
Kleine Butter – kugelrund
wie ein Käse – so gesund!
Beide Arme wie 'ne Acht
ist das nicht die wahre Pracht?
Dazu Beine wie 'ne Sechs,
ei, ich glaub, das ist 'ne Hex!

Punkt, Punkt, Komma, Strich,
fertig ist das Mondgesicht.
Ein Paar Ohren, schnell geboren,
einen Hals wie Schmalz,
einen Bauch wie Rauch,
ein Paar Beine wie 'ne Sechs,
fertig ist die Hex!
Mach noch ein paar Henkel dran,
daß man`s besser tragen kann.

Spielidee „Das Schweinchen" + „Bärchen": Richard Hambach

Das Schweinchen

Mit dem Kreis beginnen wir.
Dick und rund, so steht er hier.

Vorn ein kleines Viereck dann.
Hinten Ringelschwänzchen dran.

Einen kleinen Punkt dazu.
Nebenan ein großes U.

Unterm Bauch vier flinke Beinchen.
Fertig ist das rosa Schweinchen.

Maus und Kätzchen

Was liegt denn hier auf dem Tisch?
Das ist ja ein Brot, ganz frisch.
Eben kam es erst vom Bäcker,
warm ist's noch und duftet lecker.

So, jetzt schneidet davon ab
einen knusperdicken Knapp,
setzt ihm Aug' und Ohren ein,
und ein Bärtchen, zart und fein.

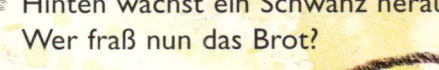

Hinten wächst ein Schwanz heraus.
Wer fraß nun das Brot?

– DIE MAUS –

Warum hat sie das getan?
Seht, da rollt ein Ring heran.
In dem Ring ein kleiner zweiter.
Ohren wachsen. Das wird heiter.

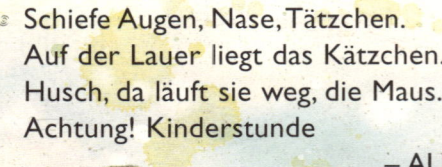

Schiefe Augen, Nase, Tätzchen.
Auf der Lauer liegt das Kätzchen.
Husch, da läuft sie weg, die Maus.
Achtung! Kinderstunde

– AUS –!

Elefant aus Afrika

In den Berg Karfunkelstein
führt ein großer Tunnel rein.
Gleich daneben ist noch einer,
doch der ist ein bißchen kleiner.

Kleines Auge – großes Ohr,
hinten guckt ein Schwanz hervor;
und schon steht er fertig da –
der Elefant aus Afrika.

Ob der Mann lachen kann?

Ein Dreieck, ein Kreis
und dann ein Quadrat,
das seitlich zwei lange
Rechtecke hat.
Dann nochmals zwei Rechtecke
ganz unten dran;
nun wollen wir sehen,
ob der Mann lachen kann.

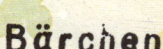

Bärchen

Ein großer Kreis entsteht im Nu.
Drei klitzekleine gleich dazu.

Zwei Arme malen wir noch an.
Zwei dicke, runde Beine dann.

Der Kopf erhält noch ein Gesicht.
Erkennst du nun den kleinen Wicht?

Spielidee „Elefant aus Afrika" + „Ob der Mann lachen kann": Erika Schirmer

63

Schnellzeichnen zum Geschichtenerfinden

§§§ Du kannst mit wenigen Strichen die folgenden Tiere zeichnen. Dabei helfen dir einige Verse, die du aufsagst. Zu jeder Zeichnung fehlt aber noch eine kleine Geschichte. Die denkst du dir selbst aus. Deshalb haben wir das Ende einfach offen gelassen – zum Weiterspinnen.

Ist das ein Ei? Wird das etwa ein Hase?
Ach was, der hat doch keine Brille
auf der Nase!
Er kriegt noch eine Mütze und 'nen Mantel an,
wird das vielleicht ein ...?

Neun runde Kreise male ich,
der zehnte kriegt noch ein Gesicht.

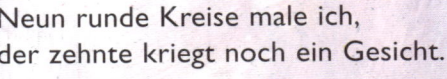

Das ist 'ne Raupe, man kann es sehen,
die will sogleich spazierengehen.
Damit sie das auch richtig kann,
male ich recht viele Beinchen an.

Schon läuft sie weg ...
Wo will sie hin?

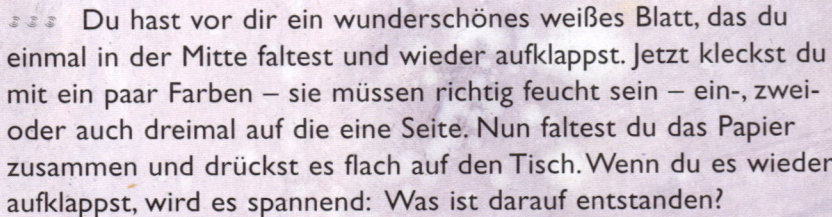

Schmetterling & Co.

Du brauchst:
§ mehrere weiße Blätter
§ Wasser- oder Fingerfarben
§ Becher und Pinsel für die Wasserfarben

§§§ Du hast vor dir ein wunderschönes weißes Blatt, das du einmal in der Mitte faltest und wieder aufklappst. Jetzt kleckst du mit ein paar Farben – sie müssen richtig feucht sein – ein-, zwei- oder auch dreimal auf die eine Seite. Nun faltest du das Papier zusammen und drückst es flach auf den Tisch. Wenn du es wieder aufklappst, wird es spannend: Was ist darauf entstanden?

Erzählst du mir
eine Geschichte?
Liest du mir
was vor?

Tips zum
gemeinsamen Schmökern

Viele Bilderbücher greifen zunächst
die direkte Umwelt der Kinder auf.
Beim Betrachten der Bilder haben
die Kleinsten Gelegenheit, Dinge oder
Tiere wiederzuentdecken, die sie aus
ihrer nächsten Umgebung oder aus
anderen Büchern bereits kennen.

Lebendige Panoramabilder kann man
immer wieder neu anschauen. Viele
kleine Geschichten sind darin versteckt. Das Suchen, das Entdecken
und das Wiederfinden stehen im
Vordergrund.

Aus: „Komm, ich zeig dir unsere Stadt", Pestalozzi-Verlag

Im Stadtpark ist was los!

♪♪♪ So sieht es bei schönem Wetter im Stadtpark aus:
jede Menge Menschen!
Und wo möchtest du sein?
Im Sandkasten oder auf der Rutsche?
Wie viele Tiere hast du denn entdeckt?
Mal sehen, ob du alle Hunde findest!

Bildwörterbücher dienen gezielt dazu, den Wortschatz des Kindes zu erweitern. Auf bunten Panoramabildern sind zumeist Szenen aus der Natur, einem Dorf oder der Stadt abgebildet. Einzelheiten aus diesen Zeichnungen werden jeweils am Bildrand mit den dazugehörigen Begriffen dargestellt. Ihr Kind kann sich die Bilder anschauen und Dinge benennen, die es schon kennt. Beim Suchen und Wiederfinden der einzelnen Tiere, Sachen, Personen vom Rand lernt das Kind spielerisch Neues hinzu. Es beginnt zu unterscheiden, daß nicht alles, was zwei Flügel hat, Vogel heißt - und daß nicht alles, was blüht, eine Blume ist. Mit der Zeit wird es Amsel und Taube, Rose und Gänseblümchen benennen können.

Spitzmaus

Sichel

Stallkaninchen

Esel

Meerschweinchen

Schwalbe

Rechen

Gießkanne

geschnittenes Gras

Gartenschere

Bienenhaus

Kohlrabi

Such mich

Schau dir das Gemüsebeet und den Geräteschuppen an. Welche Sachen und Tiere erkennst du? Hier kannst du zum Beispiel sehen, wie Kohlrabi, Gurken und Tomaten wachsen.

Aus: „Rund um den Bauernhof", Pestalozzi-Verlag

Gurken

Biene

Marienkäfer

Spaten

Geräteschuppen

Schlauchwagen

Tomatenpflanze

Findest du auch die Garten-
schere, die Sichel und den
Spaten?
Und was machen wohl die
Bienen in dem bunten Bienen-
haus?

Nun klapp das Buch mal zu.
An welche Gegenstände oder
Tiere kannst du dich noch
erinnern? Wenn du das Spiel
öfter wiederholst, fallen dir
mit der Zeit bestimmt
ganz viele Sachen ein.

Ein interaktives Bilderbuch

Sollen Kinder hier mit Mausklick zum Zuhören oder Lesen gebracht werden? Selbstverständlich greift das Kind ohne technische Tricks aktiv in den Handlungsverlauf ein, denn nur darum geht es: Acht Geschichten verbergen sich in einem Bilderbuch aus dem **pestalozzi-PLUS-Programm**. Wenn der kleine Star mit einem gebrochenen Flügel ein Winterquartier sucht und auf Tiere trifft, die behindert sind wie er, werden zudem Mitgefühl und Vorstellungskraft gefördert. Sie lesen: „Soll der kleine Vogel den Bach überqueren?" (dann geht´s weiter auf Seite 26). Wenn er am Ufer des Baches weitergehen soll, lesen Sie weiter auf Seite 28. So verläuft die Handlung unterschiedlich, je nachdem, ob Neugier, Vorsicht, Angst und ähnliches überwiegt. Das funktioniert übrigens auch, wenn Ihr Kind schon selber lesen kann.

Wohin, kleiner Vogel?

Jede Geschichte hat einen Anfang und ein Ende. Märchen beginnen immer mit „Es war einmal ..." und hören auf mit „... und klebten glücklich und zufrieden bis an ihr Lebensende". Das Buch vom kleinen Vogel fängt so an: „Wie jeder kleine Vogel versuchte auch unser Star eines Tages, fliegen zu lernen.

Aus: „Wohin, kleiner Vogel", Pestalozzi-Verlag

Er setzte sich an den Rand seines Nestes auf einer alten Eiche. Plötzlich kam ein heftiger Wind auf. Der kleine Vogel wurde aus dem Nest geweht, landete auf dem Waldboden und brach sich einen Flügel. ‚Was soll ich denn jetzt machen?', jammerte er. ‚Mit einem gebrochenen Flügel kann ich doch nicht fliegen.' " Aber wie es aufhört, das können wir dir leider nicht sagen. Es gibt nämlich acht mögliche Enden von dieser Geschichte. Denn jedesmal, wenn der kleine Star entscheiden muß, wie es weitergeht, kannst du ihm dabei helfen! Soll er zum Beispiel zum plätschernden Bach gehen, wohin er wollte, oder soll er lieber das Tier suchen, dem die geheimnisvolle Stimme gehört? Du wirst staunen, wie unterschiedich die Geschichte weitergeht, je nachdem, für welche Möglichkeit du dich entschieden hast!

Gute Nacht

Kinder lieben Geschichten. Vor allem vor dem Schlafengehen ist das Geschichtenerzählen ein beliebtes Ritual. Es erleichtert den Abschied vom Tag und den Übergang ins Reich der Träume. Kinder wollen möglichst die gleiche Geschichte immer wieder – und mit dem gleichen Wortlaut hören. Das gibt ihnen Vertrautheit, sie fiebern in Vorfreude auf ihre Lieblings-Textstellen. Hin und wieder möchten sie aber auch Neues hören. Anregungen liefern gute Bücher mit Sammlungen von verschiedenen Gute-Nacht-Geschichten. Hier ein Vorschlag, den Sie später spielerisch umsetzen können.

Das Zebra mit den schwarzen Punkten

Es war einmal ein Zebra, das hatte keine Streifen, sondern lauter schwarze Punkte am Körper. Die anderen Zebras lachten es deshalb immer aus. „Hahaha, da kommt das Sommersprossenzebra", riefen sie.

Das Zebra mit den Punkten wurde dann immer ganz traurig, ließ den Kopf hängen und lief fort. Es ging zum Nashornarzt, es fragte den schwarzen Panther – es ging sogar auf Empfehlung der Giraffe zwei Wochen lang um Mitternacht im Mondschein spazieren. Aber nichts und niemand konnte dem Zebra helfen. Eines Tages traf es einen alten Elefanten. „Oh", sagte der zum Sommersprossenzebra, „bist du aber hübsch! Ich kenne nur gestreifte Zebras!". Bewundernd ging er um das Punktezebra herum, das vor Verlegenheit ganz rot im Gesicht wurde.

Dann rannte es jubelnd und tanzend zu den anderen Zebras und sang: „Mich gibt es nur einmal ..." Sie gafften mit offenen Mündern, bis nach einiger Zeit ein Zebra kleinlaut sagte: „Wir wußten gar nicht, daß du so schön tanzen kannst". Und die anderen meinten: „Wie du aussiehst, ist ja gar nicht wichtig. Hauptsache, du läufst nicht immer gleich weg – und wir können mit dir spielen."

So wurden das Punktezebra und die Streifenzebras doch noch Freunde.

Auch du bist einzigartig. Es gibt viele Dinge an dir, die nur du ganz allein hast, niemand sonst. Und wieder anderes hast du mit allen gemeinsam: zwei Augen, einen Mund ... Aber schau mal, dein Mund sieht bestimmt wieder ganz anders aus als der von deiner Freundin.

Das Punktezebra hat noch eine Spielidee für dich. Du brauchst dazu nur einen großen Spiegel und mindestens einen Mitspieler. Nun überlegt doch einmal, was ihr beide habt – und was euch unterscheidet.

Vielleicht ist einer größer, einer kleiner, einer hat braune, ein anderer blonde Haare. Aber vielleicht mögt ihr ja die gleiche Musik, geht in die gleiche Klasse, wohnt in derselben Straße usw.

Wie viele Gemeinsamkeiten und Unterschiede findet ihr?

Aus: „Die schönsten Schlummergeschichten", Pestalozzi-Verlag

Auch ältere Kinder mögen es, wenn man ihnen eine Geschichte erzählt oder vorliest. Um das für sie noch ein wenig interessanter zu machen, brechen Sie an einer spannenden Stelle ab und überlassen es dem Kind, sich eine oder mehrere Fortsetzungen auszudenken. Das fördert seine Fähigkeit, zuzuhören und sich zu konzentrieren. Außerdem wird seine Phantasie angeregt. Hier finden Sie ein Beispiel. Natürlich können Sie die Geschichte auch – gerade für die jüngeren – komplett vorlesen.

Drei Räuber mit Schwein

●●● Im Wald lebten drei Räuber: Der Wilde Frieder, Rudi Rauhbart und Pistolen-Paul. Die drei wohnten in einem Räuberhaus. Dort waren die Fenster zerbrochen. Die Tür hing schief. Das Dach hatte Löcher. Der Wilde Frieder sagte: „Richtige Räuber brauchen es nicht gemütlich". Aber etwas zu essen brauchen sie. Einmal raubten sie ein Ferkel, das strampelte und quiekte. Die Bäuerin weinte, aber Rudi Rauhbart sagte: „Richtige Räuber kennen kein Mitleid."
Zu Hause bauten die Räuber dem Schwein einen häßlichen Stall. „Macht nichts", sagte Pistolen-Paul. „Am Kirmessonntag darf das Ferkel umziehen. In die Bratpfanne." Dann sollte es saftigen Schweinebraten geben. Bis dahin mußte das magere Ferkel noch ordentlich fett werden. Deshalb bekam es immer genug Futter. Mit der Zeit gewöhnte das Ferkel sich an die Räuber, an den Stall und an das Futter. Wenn ein Räuber in den Stall kam, grunzte es fröhlich.
Einmal wollte der Wilde Frieder Futter in den Futternapf schütten. Da küßte ihn das Ferkel auf die Nase. Der Wilde Frieder goß sich vor Schreck das Futter in die Stiefel. „Dreimal heulender Wirbelsturm!" fluchte er, „richtige Räuber mögen keine Küsserei!"
Als er sich am Abend zu den anderen setzte, druckste er eine Weile herum: „Wir sollten dem Ferkel Stroh in den Stall schütten!" Rudi Rauhbart und Pistolen-Paul gröhlten: „Ho, ho, der Wilde Frieder ist plötzlich ein Tierfreund geworden!"
Der Wilde Frieder wurde rot: „Quatsch!" brummte er. „Richtige Räuber sind keine Freunde. Von niemandem. Es ist bloß, weil auf dem harten Boden Ferkels Schwarte kaputt geht. Und die Schwarte ist doch das Beste am Braten."

Was meinst du? Werden die anderen Räuber damit einverstanden sein, daß der Wilde Frieder es dem Ferkel ein bißchen gemütlicher macht? Wie könnte die Geschichte weitergehen? Ob das Ferkel gerettet wird? Oder landet es zum Schluß doch noch als Festbraten in der Pfanne?

Mach mich an,

schalt mich aus

Von der Medienmagie
in Kinderzimmern

Noch vor wenigen Jahren schien es eine eindeutige Antwort zu geben: Bücher waren gut, Fernsehen war schlecht, Schallplatten waren weder gut noch schlecht. Sie wurden gegenüber dem Fernsehen als das kleinere Übel angesehen, auch wenn sie das Vorlesen und Märchenerzählen nicht ersetzen konnten. Längst haben TV, Video, CD-Player und Kassettenrecorder samt entsprechendem Zubehör die Kinderzimmer erobert. Gestiegen ist die Zahl der Fragen, die sich die Erwachsenen für den richtigen Umgang stellen. Ziehen die vielen Medien die sprachlose Gesellschaft nach sich? Versinken unsere Kinder in der Einsamkeit, wenn sie den Computer zum Lieblingsspielgefährten auserkoren haben? Welche Folgen hat der Mediengebrauch für die kindliche Entwicklung, die Sprachentwicklung im besonderen?

Medien gehören zum Leben. Wer sie verbietet, schaltet den Bildschirm oder den Recorder aus, aber nicht den Einfluß der Medien.
Deshalb ist es besser, Kinder altersgemäß an den sinnvollen Gebrauch der unterschiedlichen Medien heranzuführen. Sie sollten auf keinen Fall die „besten Freunde" eines Kindes sein, ersetzen niemals Erfahrungen aus erster Hand. Kinder brauchen den direkten Kontakt mit „echten" Materialien, Erlebnissen, Menschen, um ihre fünf Sinne – Schmecken, Riechen, Sehen, Hören und Fühlen – entwickeln zu können. Ein Fußballspiel auf dem Rasen ist mit einem Spiel am Bildschirm nicht zu vergleichen. Medien können aber helfen, Erfahrungen zu verarbeiten oder Erfahrungen zu sammeln, die in der realen Welt nicht möglich sind. Sie bieten hin und wieder sogar ein Stück Lebenshilfe. Und sie können – richtig genutzt – dem Kind sogar bei seiner geistigen Entwicklung helfen.

Ich glotz TV

⌇⌇⌇ Als deine Eltern so alt waren wie du heute, gab's nur zwei Programme mit dem Sandmännchen und ein paar Zeichentrick- und Tierfilmen in der Kinderstunde. Heute ist das ganz anders. Es gibt viele Sender und Sendungen, von früh bis spät läuft immer irgendwo irgend etwas für Kinder. Aber manches davon ist langweilig oder schlecht gemacht.
Damit du dich mit deinen Eltern einigen kannst, welche Sendungen tatsächlich für dich interessant sind, haben einige Programmzeitschriften einen extra Kinderservice eingerichtet.
Du findest darin meist eine kurze Inhaltsangabe, einen Hinweis, ab welchem Alter du zuschauen darfst, und eine Kurzbewertung. Die zeigt dir, ob die Sendung schlecht ist, du also besser gar nicht einschaltest, ob sie „ganz o.k." ist oder wirklich spitzenmäßig.

Minutenkonto

⌐⌐⌐ Mit so einer Zeitschrift kannst du mit deinen Eltern den „Fernseh-Fahrplan" für die kommende Woche festlegen. Du hast dafür ein „Minutenkonto", das du zum Fernsehen nutzen darfst. Wie viele Minuten pro Tag das sind, mußt du mit deinen Eltern klären. Also, überleg genau, welche Sendungen du wirklich gerne gucken willst. Das finden auch deine Eltern eine prima Idee!

Programmansage

⌐⌐⌐ Möchtest du einmal eine Ansagerin im Fernsehen sein? Du brauchst dazu nur eine große Pappe. Da schneidest du ein Loch hinein, so daß du durchschauen kannst: „Guten Abend, meine sehr verehrten Damen und Herren!" oder „Hallo, liebe Kinder" sagst du und kündigst eine Sendung an – aber ohne den Titel zu nennen! Den müssen deine Eltern oder Freunde erraten. Du beschreibst nur, um was es in der Sendung geht. Oder du erzählst, wie die Hauptfigur aussieht, welche Hobbys und typischen Eigenschaften sie hat. Wer erkennt am schnellsten, um wen oder was es geht?

TV-Leporello

⌐⌐⌐ Kennst du ein Leporello? Das ist ein ganz langes Buch, bei dem die Seiten alle aneinander hängen, so daß es aussieht wie eine Ziehharmonika. Mal doch einmal mit deinen Freundinnen ein Fernseh-Leporello. Sucht euch eine Sendung aus, zum Beispiel „Super, Metty!" oder „Zirkus-Spaß mit Peppa" auf Super RTL. Schaut sie euch zusammen an, dann malt jeder ein Bild zu dieser Sendung. Du wirst staunen, wie unterschiedlich die Bilder sein werden. Weil nämlich für jeden etwas anderes wichtig ist. Danach klebt ihr die Bilder aneinander – so wie auf der Zeichnung.

In der Zirkuswelt finden Kinder zahlreiche Anregungen, die sie in ihrer Sprachentwicklung unterstützen. Musik, Tanz und Rhythmus spielen eine wichtige Rolle und schulen so grob- und feinmotorische Fertigkeiten. Kinder schlüpfen in andere Rollen, was ihre Phantasie, ihre Erlebnis- und Ausdrucksmöglichkeiten – und damit auch Sprache und Sprechen fördert.

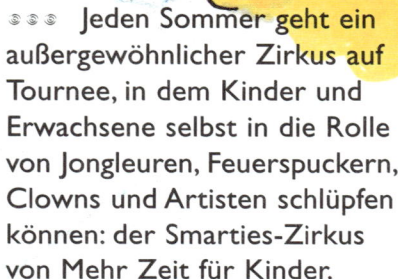

§ § §   Jeden Sommer geht ein außergewöhnlicher Zirkus auf Tournee, in dem Kinder und Erwachsene selbst in die Rolle von Jongleuren, Feuerspuckern, Clowns und Artisten schlüpfen können: der Smarties-Zirkus von Mehr Zeit für Kinder.

smarties

Ein Programm für kleine Zirkusstars

Clown Peppa, eine Hauptfigur dieses Programms, ist jede Woche als lustige Puppe bei Super RTL zu sehen. In der Fernseh-Sendung „Mehr Zeit für Kinder – Zirkus-Spaß mit Peppa" zeigen er und der Zirkusdirektor Joschi tolle Kunststücke, Zaubertricks, Basteltips und vieles mehr.

§ § §   Warst du schon einmal im Zirkus? Bestimmt hast du auch über die Clowns gelacht, über den Zauberer gestaunt und die tollen Artisten bewundert. Jetzt kannst du selbst ein Zirkusstar werden. In der Sendung „Zirkus-Spaß mit Peppa" bekommst du jede Woche viele Tips für ein eigenes Programm. Clown Peppa und Joschi zeigen dir z.B., was du alles mit einem Springseil machen kannst, wie du eine wunderschöne Laterne bastelst oder wie ein kleines Schattentheater entsteht.

muablezruP troW

☺☺☺ Ein tolles Kunststück kannst du vielleicht schon ganz alleine: Rolle vorwärts und rückwärts. Hast du gewußt, daß Wörter mit deiner Hilfe auch so einen Purzelbaum machen können? Vorwärts ist ja ganz einfach, aber wie hört sich ein Wort rückwärts an? Was ist zum Beispiel ein „SUKRIZ"? Richtig, ein Zirkus. Jetzt sag du doch mal Peppa rückwärts. Wenn du mit deinen Freunden spielst, schreibst du am besten ein Wort auf und liest es dann rückwärts (z. B. SEITRAMS). Wer kann dir jetzt zuerst das richtige Wort „vorwärts gesprochen" (Smarties) sagen? Der ist dann als nächster dran und darf Wort-Purzelbäume schlagen.

Geschichte ohne Worte

☺☺☺ Kennst du Pantomimen? Das sind Schauspieler, die ganz ohne Worte auskommen. Sie erzählen ihre Geschichte nur mit dem Gesicht und ihrem Körper. Auch die Clowns im Zirkus treten oft als Pantomimen auf. Sie reden kein einziges Wort, und du verstehst sie trotzdem. Mach doch mit deinen Freundinnen eine eigene Pantomime. Je mehr mitmachen, desto mehr Spaß habt ihr. Eine erzählt eine Geschichte, die anderen machen dazu die passenden Bewegungen – und das entsprechende Gesicht. Das könnte zum Beispiel so aussehen: Stellt euch vor, ihr feiert einen Kindergeburtstag. Jemand klingelt an der Tür. Das Geburtstagskind öffnet und freut sich über den Besuch. Es bekommt eine Rolle Smarties, macht sie auf und ißt erst mal ein paar. Später schlecken alle heimlich an der Geburtstagstorte, die Mutter kommt zur Türe herein und schimpft ... Bestimmt fallen dir noch ganz viele andere Situationen ein, die ihr ohne Worte nachspielen könnt.

Zirkus-Spaß mit Peppa
bei Super RTL

freitags
von 12.55 bis 13.00 Uhr (Teil 1)
und von 13.55 bis 14.00 Uhr (Teil 2)

Wiederholung montags
von 9.00 bis 9.10 Uhr (Teil 1 und 2)

– Änderungen möglich –
(Zuschauerservice 01 38 / 11 11)

Hoppla, hier komm ich: Ikarus, die fliegende Mettymaus. Was, du kennst mich nicht? Dann wird es aber allerhöchste Zeit. Ich bin nämlich eine absolut superschlaue Supermaus. Mit meinem Freund Metty wohne ich in einer riesigen Fabrikhalle. Unsere Wohnung ist so groß, daß man darin locker Fußball spielen kann. Bei uns passieren ständig spannende Dinge.

Was zum Teufel ist ein Loft?

☺☺☺ Angefangen hat es damit, daß wir uns mal wieder über das Fernsehen geärgert haben. Es gibt zwar jede Menge Programme, aber ganz wenig tolle Sachen. „Nicht meckern", haben wir uns gedacht, „sondern besser machen." Gesagt, getan. Und deshalb haben wir aus unserem Loft – so nennt man eine Wohnung in einer ehemaligen Fabrik – ein Fernsehstudio gemacht. Von dort senden Metty und ich jetzt unser eigenes Programm. Metty ist schon erwachsen, aber trotzdem ziemlich okay – meistens. Immer samstags um halb sechs gehen wir jetzt bei Super RTL auf Sendung.

Unser Loft ist mal eine Abenteuerhütte, mal ein Erfinderlabor und natürlich noch viel mehr. Bei uns passieren tolle Geschichten: zum Beispiel, wenn wir den Bumerang-Weltmeister eingeladen haben – oder den jüngsten Zirkusdirektor Deutschlands, der seine Assistentin in einen Tiger verwandelt! Außerdem erklärt Metty spannende Dinge, die selbst viele Große nicht wissen: Wer den Kakao erfunden hat, warum Hühner so viele Eier legen, oder weshalb der Hot dog so heißt. Du siehst, wer bei uns nicht nur zuschaut, sondern auch gut zuhört, kann richtig was lernen.

Alle mal herhören!

⊗⊗⊗ Zum Thema „Hören" habe ich gleich noch einen Spieletip für dich. Such dir dort, wo du gerade bist, einen Gegenstand aus und denk ganz fest an dieses Ding. Nun muß dein Mitspieler diesen Gegenstand erraten. Er oder sie läuft durch den Raum, und du machst ein bestimmtes Geräusch: summen, singen, klatschen, was dir eben einfällt. Je lauter dein Geräusch wird, desto näher kommt deine Freundin dem Ding. Je leiser du bist, desto weiter weg ist dein Freund. Wenn sie oder er deinen Gegenstand errät beziehungsweise gefunden hat, bist du dran mit Suchen. Und jetzt mußt du genau hinhören.

Stinklangweilig – oder super!

⊗⊗⊗ In unserer Sendung bekommst du noch mehr Ideen zum Spielen und Basteln. Du brauchst dafür nur Dinge, die du ganz bestimmt schon zu Hause hast. Du wirst sehen, deine Wohnung ist eine wahre Schatztruhe. Wir zeigen dir zum Beispiel, wie du aus Milch und Essig Kunststoff herstellst oder wie du einen Bumerang baust. Damit du mitreden kannst, wenn es um die neuesten Hits und Flops geht, erfährst du bei uns auch, was bei anderen Kindern gerade angesagt ist. Sie testen Bücher, CDs, Computerspiele, Sportgeräte usw. Die Ergebnisse reichen von „stinklangweilig" bis „Super, Metty!" – so heißt ja auch unsere Sendung.

Super, Metty!
bei Super RTL
samstags
von 17.30 bis 18.00 Uhr

Mit dem Mikrofon auf Geräuschjagd

Zur Ausstattung der meisten Haushalte zählt heute auch ein Kassettenrecorder. Viele Kinder besitzen sogar schon einen eigenen, zumal die Kleinsten (ab etwa drei Jahren) gerade die einfachen Geräte mühelos bedienen können. Kassettenrecorder bieten zahlreiche Möglichkeiten: Hörspiele oder Musik hören, Vokabeln abfragen, auch eigene Aufnahmen anfertigen. Hier dreht sich alles um Sprache und Klänge, um Sprechen und Hören. Durch den spielerischen Umgang mit dem Kassettenrecorder können Sie die Sprachentwicklung Ihrer Kinder fördern. Das empfiehlt auch Familie Lindemann aus Kürten.

Am Mikrofon: ich!

♪ ♪ ♪ Natürlich hörst du dir manchmal Hörspiel- oder Musikkassetten an. Das ist ja ganz schön, aber auch ein bißchen langweilig. Wenn ihr in der Familie einen Kassettenrecorder habt, mit dem man aufnehmen kann, warum machst du dann nicht mal dein eigenes Programm? Bestimmt hilft dir jemand dabei. Hier sind ein paar Tips, wie du Geräusche erzeugen und aufnehmen kannst. Spiel sie doch anschließend deinen Freundinnen vor. Ob sie welche erraten und vielleicht sogar rauskriegen, wie du die Klänge herbeigezaubert hast?

Knall, bumm, knister

☞☞☞ So zauberst du Geräusche:
Wind: Du streichst mit einer Bürste
über ein Stück Pappe.
Sturm: Du pustest leicht ins Mikrofon.
Donner: Du hältst ein sehr großes Stück Pappe
(DIN-A0) an einer Ecke fest und schüttelst es
hin und her. Noch besser funktioniert es mit
einem großen, möglichst dünnen Kuchenblech.
Regen: Laß Reis aus einer Tüte
in eine Pappschachtel rieseln.
Hagel: Wenn's sogar hageln soll, mußt du den
Reis in eine Blechdose rieseln lassen.
Sanfte Wellen: Das ist einfach, du plätscherst
mit der Hand in einer Schale mit Wasser.
Meeresbrandung: Wenn du Erbsen in einem
Metallsieb hin und her rollst, hört sich das an
wie große Meereswellen. Oder du reibst im Takt
der Wellen mit einer Bürste auf einem Blech
hin und her – mal drückst du stärker,
mal schwächer.

Wetterbericht

☞☞☞ Wie wär's mit einer eigenen Wetter-
vorhersage? Natürlich mit einer, bei der man das
Wetter hören kann. Wie das geht, weißt du ja
jetzt. Das könnte sich zum Beispiel so anhören:
„Heute naht aus dem Nordosten ein gewaltiges
Sturmtief mit viel Wind (Geräusch) und Regen
(Geräusch). Für morgen werden außerdem
Gewitter mit Donner (Geräusch) und Hagel
(Geräusch) erwartet."

Achtung, Aufnahme!

ᔔᔔ Probier doch einfach mal aus, wie sich verschiedene „richtige" Geräusche oder Töne anhören, wenn du sie aufgenommen hast und von der Kassette abspielst. Du wirst staunen – deine Freunde auch, wenn sie raten sollen, was sie gerade hören. Stell dich in den Garten, in den Hof oder an den Straßenrand auf den Gehsteig. Was hörst du? Kirchenglocken, Autohupen, Vogelgezwitscher, Hausklingeln und, und, und. Na, wie klingt es? Wer errät das meiste?

Wer war das?

ᔔᔔ Auch Stimmen hören sich auf Band oft ganz anders an. Hast du schon einmal deine eigene Stimme gehört? Vielleicht kommt sie dir auf Kassette fremd vor. Das ist normal, denn jeder hört sich selbst ganz anders, als es die anderen tun. Aber wie ist es mit den Stimmen von deinen Eltern, Freundinnen, Geschwistern? Denk dir einen Satz oder Reim aus, zum Beispiel: „Ich wollt, ich wär ein Huhn, dann hätt ich nichts zu tun. Ich legte jeden Tag ein Ei und sonntags auch mal zwei." Diesen Reim sollen alle nacheinander ins Mikrofon sprechen. Anschließend spielst du die Aufnahme wieder ab. Ob jemand alle Stimmen erkennt?

Computer sind doof!

¿ ¿ ¿   Computer oder Roboter sind im Grunde schrecklich dumm: Sie können nur das, was Erwachsene ihnen vorher beigebracht haben. Das bedeutet, sie tun genau das, alles das und nur das, worauf sie programmiert sind, was man ihnen befiehlt. Tu doch einmal so, als ob du ein Computer wärst. Ihr überlegt zuerst, wo man dich einschaltet. Vielleicht am Ohr? Oder an der großen Zehe? Dann legt ihr bestimmte Befehle fest. Hörst du zum Beispiel „Ritschratsch", mußt du den rechten Arm heben. Bei „Schummschumm" sollst du mit dem Kopf wackeln usw. Wenn du einen Fehler machst, tauscht ihr die Rollen. Spielt ihr mit mehreren, befiehlt einer, alle anderen sind die Roboter. Wer einen Fehler macht, scheidet aus.

Video-Spiele und Computer – die neuen Freunde im Kinderzimmer

Haben Sie auch manchmal ein mulmiges Gefühl, wenn Ihr Kind vor dem Bildschirm sitzt und sich der Faszination von Computer- und Video-Spielen hingibt? Ob tragbare Geräte, Computerspiele auf Diskette bzw. CD-ROM oder Telé-Konsolen, am Fernseher angeschlossen: Was fasziniert Kinder so sehr an diesen neuen Spielgefährten? Einige Gründe liegen klar auf der Hand: Sie versprechen Spannung und Unterhaltung, „Action", die der Alltag oft nicht zu bieten hat. Ein Computer hat immer Zeit, ist immer verfügbar. Das Spiel hat relativ klare Strukturen, die der Spieler schnell durchschaut. Eigene Leistungen sind meßbar, die Spiele sind gerecht, da gibt's nichts zu schummeln, man wird aber auch nicht übers Ohr gehauen. Der Spieler kann das Niveau, den Schwierigkeitsgrad selbst festlegen und bestimmte Abläufe so lange wiederholen, bis er sie beherrscht und Erfolg hat. Computer verleihen Macht – für viele Kinder ist es ein faszinierendes Erlebnis, daß sie die Kontrolle haben.

Unter den vielen verschiedenen Spielkategorien bieten am ehesten die Abenteuerspiele („Adventures") einen Ansatz zur Sprachförderung. Sie zeichnen sich durch eine komplexe Spielstruktur aus, die einzelnen Szenen des Geschehens bauen aufeinander auf. Die Spieler müssen zahlreiche Aufgaben und Probleme lösen, Bewährungsproben bestehen, um ans Ziel zu gelangen. Hier können einzelne Lösungsansätze besprochen und entschieden werden. Daneben gibt es auch Spiele, bei denen der Verlauf durch eigene Texteingaben oder die Auswahl vorgegebener Texte beeinflußt wird. Allerdings ist hier meist wenig Action angesagt, so daß diese „Text-Adventures" bei Kindern im allgemeinen nicht gerade auf Platz eins landen.

Wer die Wahl hat ...

Früher gab es kaum ansprechende Lern- und Spiel-
programme. Kritiker bemängelten schlechte Grafiken,
schwierige Bedienung, teilweise gesundheitliche Gefahren
wie Bildschirmstrahlung. Doch in der Zwischenzeit hat
sich viel verändert. Eltern können durchaus fündig werden,
wenn sie gute Computerspiele suchen. Experten raten,
beim Kauf auf folgende Kriterien zu achten:

- Das Spiel sollte eine genaue Grafik
  und eine gute, spielunterstützende
  Vertonung haben.
- Es sollte möglichst vielfältige
  Aufgaben bieten, die das logische
  Denken, die Reaktionsschnelligkeit,
  aber auch die Kombinations- und
  insbesondere die Sprachfähigkeit
  fördern.
- Die Strategie sollte konstruktiv und
  nicht zerstörend angelegt sein.
- Das Spiel sollte Identifikations-
  möglichkeiten für beide Geschlech-
  ter bieten, altersgerecht sein und
  weder gewaltverherrlichende noch
  rassendiskriminierende Elemente
  enthalten.
- Spiele für mehrere Teilnehmer sind
  Einzelspielen vorzuziehen.

Es lohnt sich, nach lustigen und spannenden Spielen zu
forschen. Eine Hilfe bietet die Loseblattsammlung „Computerspiele auf dem Prüfstand", die Sie kostenlos bei der
Bundeszentrale für politische Bildung bekommen (Adresse
auf Seite 126). Ansonsten gilt: Spielen sie mit Ihrem Kind
ruhig auch Computer- und Videospiele. Sie können den
Spaß der Kinder verstehen, weil Sie ihn selbst erleben.
Damit akzeptieren Ihre Kinder Sie als „Insider".
Schließlich haben Sie die Kontrolle, was – und vor allem
wie lange gespielt wird.

Wann sind wir endlich daaa ...?

Sprachspiele auf Reisen

Das wird Ihnen allzu bekannt vorkommen, wenn Sie schon einmal mit Kindern verreist sind. Unermüdlich können die kleinen Mitfahrer diese Frage wiederholen – und strapazieren damit Ihre Geduld aufs äußerste. Woran liegt es, daß fast jede längere Reise so kommentiert wird? Zum einen sind Kinder durch die Reisevorbereitungen aufgeregt und erwarten mit Ungeduld die Ankunft am Zielort. Ein zweiter Grund liegt ebenso auf der Hand: Die Fahrt an sich ist zu langweilig, es fehlen die richtigen Spielmittel oder Ideen.

Es gibt nur einen Ausweg: Die Fahrt selbst muß zum spannenden Teil des Urlaubs oder des Ausflugs werden, der Weg ist das Ziel! Wo ist die Gelegenheit dafür günstiger als in der Bahn? Sie müssen nicht auf den Verkehr achten und können sich für eine Weile voll und ganz den Kindern widmen.
Die Spielideen auf diesen Seiten sollen helfen, die Reisezeit mit Kindern spannend und abwechslungsreich zu gestalten. Die gefürchtete Frage (s.o.) beantworten Sie spielerisch, wenn Sie mit Ihren Kindern die folgende Zeichnung vervollständigen.

START

Zwischenstops

Umsteigebahnhof U

Bahnhof B

⊙⊙⊙ Du bist mit der Bahn unterwegs und sicher ein bißchen aufgeregt. Wie es weitergeht, willst du wissen, wie oft der Zug noch hält, bis das Ziel erreicht ist. Trag am besten zu Beginn der Reise auf der gezeichneten Strecke für jeden Bahnhof, an dem der Zug anhält, das B ein. Bahnhöfe, an denen du umsteigen mußt, bekommen ein U. Bei 12 Zwischenstops setzt du die Zeichen zum Beispiel eng nebeneinander, bei nur 3 oder 4 hast du mehr Platz. Jetzt kannst du jeden erreichten Bahnhof abhaken und weißt immer genau, wie viele „Stops" du noch vom Ziel der Reise entfernt bist. Paß also genau auf, damit du keinen Halt versäumst!

ZIEL

Auf einer Zugfahrt gibt es viel zu sehen. Es lohnt sich, die Augen offenzuhalten und aus dem Fenster zu schauen – besonders, wenn daraus noch ein spannendes Spiel wird!

Bingo mal ganz anders

◎◎◎ Schau dir die Bilder auf den beiden Bingo-Karten mit deiner Schwester, deinem Bruder oder jemand anderem zunächst genau an. Du merkst sicher, daß auf jeder Karte die gleichen Bilder sind – allerdings in unterschiedlicher Reihenfolge.

Jeder Mitspieler hat seine eigene Karte. Im Laufe der Bahnfahrt schauen beide immer wieder aus dem Fenster. Wenn der Zug kurz vorher an einer Kirche oder an einem See vorbeigekommen ist, heißt es aufgepaßt: Alle suchen nach den abgebildeten Begriffen. Es ist egal, wer zuerst etwas entdeckt. Das wird dann nur laut gerufen, damit beide Mitspieler diesen Begriff auf ihrer Karte abhaken können. Da sich die Reihenfolge der Bilder unterscheidet, wird einer zuerst vier Begriffe in senkrechter oder waagerechter Linie abhaken können. Dieser Glückspilz ruft dann laut „Bingo!" und hat gewonnen!

FAHRKARTE

Abfahrt um [   ] Uhr

vom Bahnhof [   ]

im Wagen Nr. [   ]

auf Platz Nr. [   ]

Wetter ➤➤ [   ]

[   ] ◄◄ Essen

Leute ➤➤ [   ]

Ankunft um [   ] Uhr

am Bahnhof [   ]

Kinderfahrkarte

*„Die Fahrkarten bitte!"
ruft der freundliche Zugbegleiter.
Alle Erwachsenen kramen
in den Taschen – und du?*

◉◉◉ Hier kannst du dir eine eigene Kinderfahrkarte aus-stellen. Es geht vor allem darum, was du auf der Zugfahrt schon alles erlebt hast, wie das Wetter ist, ob die anderen Leute im Abteil nett sind und wie das Proviant-Paket schmeckt. Zeichne einfach die entsprechenden Bilder in die leeren Kästchen ein und mal die ganze Fahrkarte bunt. Dann hast du auch ein schönes Andenken an deine Reise.

Wetter

Essen

Leute

Quizfragen

◉◉◉ Hier kommen alle Wißbegierigen auf ihre Kosten. Von den angegebenen Ant-worten sind immer zwei falsch. Findest du die richtige heraus? Wenn du es nicht weißt, dann frag doch mal deine Eltern, ob sie weiterhelfen können!

1. Wie schnell kann ein ICE fahren?

   180 km/h ☐   230 km/h ☐   280 km/h ☐

2. Was meinst du, wie viele Eisenbahntunnel es zwischen Hannover und Würzburg gibt?

   4 ☐   61 ☐   210 ☐

Auf dieser Seite darfst du mit Wörtern, Buchstaben und Sätzen jonglieren, daß die Sitzpolster nur so wackeln!

Wie das funktioniert? So:

Papageienschule

☺☺☺ Der Lehrer in der Papageienschule ist ziemlich verdreht. Er sagt zum Beispiel: „Hier ist meine Nase!" und faßt dabei an sein Knie. Die Papageienschüler müssen den Satz genau nachsprechen, zeigen dabei aber wirklich auf ihre Nase! Wenn ein Schüler auf den falschen Körperteil oder Gegenstand zeigt oder sich verspricht, muß er ein Pfand abgeben.

Für Zugvögel und andere Reisende

☺☺☺ Einer der Mitspieler denkt sich ein Reiseziel aus: „Ich reise nach Hamburg!" Der nächste Mitspieler hat es schwerer, er muß ein Ziel finden, das mit dem letzten Buchstaben des gerade genannten Ortes anfängt. In unserem Beispiel wäre das also ein Land oder eine Stadt mit „G": „Und ich reise nach Göttingen!" So geht es immer weiter, kreuz und quer durch Deutschland und die ganze Welt!

☺☺☺ Der erste nennt spontan – also ohne lange nachzudenken – drei oder vier Buchstaben. Jetzt muß der nächste einen Satz bilden, dessen Wörter mit diesen Buchstaben beginnen. Aus „A – F – S – G" wird zum Beispiel: „Anjas Fisch schwimmt gerade!" Der übernächste macht daraus: „Affen fressen saftiges Gras!" Es muß zwar ein ordentlicher Satz herauskommen, aber die Inhalte werden bestimmt ganz lustig. Wem wirklich gar kein Satz einfällt, der gibt nach spätestens einer Minute ein Pfand ab.

Ein Vorschlag zum Auslösen der Pfänder steht zwei Seiten weiter.

91

Kunterbuntes Zugabteil

◎◎◎　Hier ist ja einiges los! Wenn du dir das Bild ganz genau anschaust, dann entdeckst du, daß sich einige „Schwarzfahrer" eingeschmuggelt haben – richtig, die Mäuse sind gemeint.

Wie viele Mäuse findest du?

Bitte bunt malen!

92

Lange Reisen können ganz schön anstrengend sein, das ist klar. Vom Sitzen kribbeln die Beine, du würdest am liebsten rennen und toben, aber das geht leider nicht. Probier doch mal unsere Zugvogel-Gymnastik:

Alle Vögel fliegen hoch

☺☺☺ Wer mitspielen möchte, legt beide Hände auf seine Knie. Einer wird der Spielleiter. Auf sein Kommando fangen alle an, mit den flachen Händen auf die Knie zu trommeln. Dazu ruft der Spielleiter: „Alle Vögel fliegen – hoch!" Sobald das Wort „hoch" ausgesprochen wird, müssen die Mitspieler entscheiden, ob sie ihre Hände hochfliegen lassen oder nicht. Vögel können fliegen, also sollten jetzt auch alle Hände nach oben fliegen. Wenn der Spielleiter aber sagt: „Alle Zebras fliegen – hoch!", müssen die Hände natürlich weiter auf den Knien trommeln.

Der Spielleiter versucht, die anderen reinzulegen, indem er seine Hände bei den Vögeln unten läßt, bei den Zebras dagegen hochhebt. Wer darauf hereinfällt, gibt ein Pfand ab.

Angeln

☺☺☺ Für dieses Spiel ziehst du die Schuhe aus und legst einen Bleistift auf den Boden. Das ist der Fisch. Wer schafft es, den Fisch mit den Füßen zu angeln? Schaffst du es auch, den Bleistift mit den Füßen an einen anderen Mitspieler weiterzugeben?

Pfänder auslösen

☺☺☺ Wer sein Pfand auslösen möchte, braucht etwas Glück. Ein anderer Mitspieler nimmt sich einen Papierschnipsel oder eine Münze. Er nimmt beide Hände hinter den Rücken und versteckt die Münze oder den Schnipsel in einer Faust. Dann zeigt er beide Fäuste. Jetzt muß der erste Spieler raten, in welcher Hand sich der Gegenstand befindet. Rät er richtig, erhält er sein Pfand zurück. Irrt er sich, hat er noch einen Versuch. Gelingt es ihm immer noch nicht, sein Pfand auszulösen, dürfen ihm die anderen eine lustige Aufgabe stellen, die aber auch wirklich zu schaffen ist. Beispiel: „Du bekommst dein Pfand, wenn du einen Zug mit vier Waggons malen kannst, ohne den Stift abzusetzen!"

Jetzt ist die Bahnreise mit allen Spielen fast „wie im Zug" vergangen. Du bist am Ziel angekommen und hast den Urlaub oder vielleicht einen Besuch bei Oma und Opa vor dir.

Damit dir auch hier die Ideen nicht ausgehen, findest du auf dieser Seite noch einen Spieletip für die Ferien.

Memobuch

◉◉◉ Am besten fängst du schon an den ersten Urlaubstagen damit an, dein großes Memobuch zu basteln. Dafür legst du drei oder vier Bogen weißes Papier im DIN-A4-Format ganz genau aufeinander und faltest sie in der Mitte wie ein Buch. Die Seiten werden miteinander verbunden, indem du an der Knickstelle von oben bis unten ein paar Löcher durch alle Bogen drückst. Dabei können dir deine Eltern mit einer Schere oder einem spitzen Stift helfen. Nun brauchst du nur noch einen Faden durch die Löcher zu ziehen und zu verknoten – fertig ist das Memobuch.

Aber jetzt geht's erst richtig los: Du sammelst den ganzen Urlaub alles, was für dich interessant ist – zum Beispiel Eintrittskarten, Blätter, fremde Münzen, Muscheln oder Briefmarken. Kleine, flache Dinge klebst du direkt in das Memobuch ein. Die dickeren, größeren Gegenstände legst du unter eine Seite des Buches und streichst von der anderen Seite mit einem weichen Bleistift vorsichtig darüber. So werden die Strukturen sichtbar! Außerdem kannst du natürlich witzige Erlebnisse als Bildergeschichte ins Memobuch malen. Das macht Spaß in den Ferien und wird ein tolles Andenken für später!

Am Ziel

Pack die Badehose ein

Sprachspiele

in den Ferien

und im Urlaub

Pack die Badehose ein

░ ░ ░   Was wären Ferien ohne Badespaß? Im Ferienland Butjadingen – das ist eine Halbinsel an der Nordsee, zwischen Jadebusen und der Wesermündung – gibt es jede Menge Schwimmbäder und tolle Strände. Im tropischen Erlebnisbad „Rio Grande" in Tossens zum Beispiel kannst du mit deinen Spielkameraden nach Herzenslust planschen und toben. Aber der Spaß auf der Riesenrutsche ist nur mit dem richtigen Badezeug das reine Vergnügen. Also packst du zuerst die Badetasche. Du weißt natürlich, was da hinein gehört. Wissen es auch deine Spielkameraden?
Das kannst du leicht testen: Ihr setzt euch zusammen und stellt euch vor, daß vor dir deine Sporttasche steht. Du zählst auf, was du einpackst: Badekappe, Schnorchel, Wasserball und so weiter. Die anderen hören aufmerksam zu. Denn manchmal mogelst du Gegenstände hinein, die man zum Schwimmen überhaupt nicht gebrauchen kann. Zum Beispiel: Taschenlampe, Skischuhe oder einen Pyjama. Wer von deinen Mitspielern zuerst deine Mogelei bemerkt, ruft laut „Mogelpackung" und darf dann selbst die Badetasche weiterpacken – und mogeln.

Zeichenrätsel im Sand

░ ░ ░   In Butjadingen lernst du viele andere Ferienkinder kennen. Frag sie doch, ob sie mit dir „Zeichenrätsel im Sand" spielen. Wo? In den Strandbädern von Burhave, Tossens und Eckwarderhörne zum Beispiel. Da gibt es extra Spielplätze am Strand. Wie? Ganz einfach: Einer malt mit dem Finger einen Gegenstand oder ein Tier in den Sand. Die anderen sind Detektive und raten, was es ist. Wer die „Zeichenspur" zuerst enträtselt hat, erzählt zu der Zeichnung eine Mini-Geschichte in drei Sätzen. Bei „Katze" könntest du folgende Geschichte erfinden: „Eine Katze schlendert am Strand entlang. Sie sieht einen Fisch im Wasser und kriegt Hunger. Als sie daraufhin ins Restaurant geht und einen Fischburger bestellt, wirft sie der Kellner raus, weil es bei ihm nur weiße Mäuse gibt." Du kannst dir ganz verrückte und ulkige Sachen ausdenken. Wenn es regnet, dann zeichnest du die Rätsel eben auf Papier!

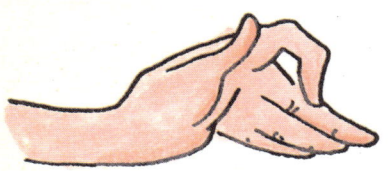

Schattenkino

❧❧❧ Wenn die Sonne richtig schön scheint und tolle Schatten auf die Butjadinger Strände wirft, dann probier es doch mal mit „Schattenkino". Bilde mit deiner Hand Figuren, zum Beispiel einen Stier, und halte die Hand so, daß sie einen Schatten auf den Sand wirft. Nun müssen deine Mitspieler raten, was für eine Figur oder was für ein Ding du in deinem Schattenkino vorführst. Wer die meisten Rätsel errät, darf als nächster Schattenkino machen. Vorher cremt euch aber gut mit Sonnenschutzmittel ein, damit ihr euch keinen Sonnenbrand holt!

Seemannsgarn

❧❧❧ Nicht nur „Käpt´n Blaubär" kann Seemannsgarn spinnen. Das kannst du auch. In den Butjadinger Ferienkindergärten „Storchennest" in Burhave oder „Kuschelkiste" in Tossens findest du bestimmt ganz schnell Mitspieler. Du brauchst nur viele kurze, möglichst dicke Wollfäden. Frag deine Eltern, ob sie dir ein Knäuel billiger Wolle kaufen. Die zerschneidest du dann in einzelne Fäden, jeden etwa so lang wie dein Unterarm. Und so geht das Spiel: Einer sagt einen Satz, zum Beispiel: „Ich war gestern im Butjadinger Kinderkino." Dann knotet er zwei Fäden zusammen. Der nächste spinnt die Geschichte fort: „Dort habe ich den Film ‚Das Grünschnabel-Monster' gesehen." Er knotet ebenfalls einen Wollfaden an, und zwar wo er will. Es muß nicht unbedingt ein fortlaufender Faden entstehen! Ihr könnt ein ganzes Netz knüpfen und die Fäden kreuz und quer verbinden. Nun setzt der nächste Spieler die Geschichte fort, sagt einen Satz und knüpft einen neuen Faden an. Auf diese Weise flunkert ihr eine lustige Geschichte zusammen und habt am Ende richtiges Seemannsgarn gesponnen.

Hast du schon einmal von Störtebeker gehört, dem gefürchteten Piraten? Vor langer Zeit trieb er sein Unwesen vor der Nordseeküste. Mit seiner Bande raubte er Handelsschiffe aus und versenkte sie dann.

Piraten!

Stell dir vor, du und deine Spielkameraden, ihr seid gerade von einer Piratenbande überfallen worden und konntet euch gerade noch mit einigen Flaschen Wasser und dem Logbuch in ein Boot retten und fliehen. Nun teilt ihr den letzten Schluck Wasser miteinander und überlegt, wie ihr andere Seeleute auf euch aufmerksam machen könnt. Da hat der Schiffsjunge eine Idee. Butje heißt er, wie das Maskottchen vom Ferienland Butjadingen. Er schlägt vor, die leeren Wasserflaschen als Flaschenpost zu verwenden.

Im Logbuch sind noch ein paar leere Seiten Papier, der Kapitän hat einige Stifte. Jeder „Schiffbrüchige" erhält ein Blatt und schreibt darauf seinen Namen und das Datum des Tages, an dem euch die Piraten überfallen haben. Auch eure letzte Position im Meer notiert ihr, damit diejenigen, die euch suchen, es leichter haben. Außerdem schreibt ihr Briefe an eure Familien. Dann steckt jeder seinen Brief in eine Flasche, verschließt sie gut und wirft sie ins Meer. So kann sie ein anderer Seemann finden und euch retten. (In Wirklichkeit tut ihr natürlich nur so, als ob ihr eure Flaschenpost in die Nordsee werft, denn Glas gehört nicht ins Meer. Aber das wißt ihr ja schon längst.) Wenn du dich übrigens für die Seefahrt und für Schiffe interessierst, dann fahr doch mit deinen Eltern einmal in ein Schiffahrtsmuseum in Bremerhaven und Brake. Von Butjadingen aus ist es gar nicht weit dorthin.

Weißt du, was „Ebbe" und „Flut" bedeuten? Das gibt es nur am Meer. Daran ist der Mond schuld. Je nachdem, wie nah er der Erde ist, so stark ist seine Anziehungskraft auf das Meer.

Tierisches Vergnügen

Während der Flut wird der Strand vom Meerwasser überflutet. Bei Ebbe zieht sich das Wasser zurück, und du kannst auf dem feuchten Meeresboden laufen – der heißt dann Watt. Bei einer Wattwanderung in Tossens oder Eckwarden kannst du lauter geheimnisvolle Spuren im Sand entdecken. Schau genauer hin, und du findest Würmer, Muscheln, Krebse, Krabben und viele andere Lebewesen. Es wimmelt nur so. Ein tierisches Vergnügen! Der Wattführer wird dir bestimmt gerne erklären, was das alles für Tiere sind. Mach doch ein Spiel nach deiner Wattwanderung an den Butjadinger Stränden. (Du kannst es natürlich überall spielen.) Einer ist der Strandwächter, die anderen sind Strandläufer. Wenn der Wächter „Würmer" ruft, dann bohren alle mit den Zehen ganz schnell kleine Löcher in den Sand. Warnt der Wächter „Krebse", dann zwickt ihr mit den Fingern euren Nebenmann. Aber nicht zu toll – es soll ja nicht weh tun! Wenn der Strandwächter „Fische" schreit, zuckt und zappelt ihr wie Fische auf dem Trockenen. Ihr könnt natürlich noch viele andere Tiere aufrufen und euch andere Bewegungen ausdenken.

99

Kennst du den Mitmachzirkus, der jedes Jahr zu Pfingsten beim Drachen- und Zirkusfest im Nordseebad Burhave in Butjadingen gastiert?

Der verdrehte Nordseezirkus

Pfingsten ist schon vorbei, und deshalb kannst du nicht mehr dabeisein. Macht nichts! Dann veranstaltest du eben mit deinen Freunden einen Zirkus ganz besonderer Art, den verdrehten Nordseezirkus. Du bist der Zirkusdirektor und Dompteur, deine Mitspieler sind die verdrehten Zirkustiere. In diesem Zirkus machen nämlich alle Tiere grundsätzlich etwas ganz anderes, als der Zirkusdirektor ihnen bei der Vorstellung befiehlt. Brüllt der Dompteur „Löwe flieg", dann schleicht der Löwe durch die Manege. Wenn der Dompteur einen Reifen hinhält, durch den der Löwe springen soll, dann darf er nicht rufen: „Löwe spring", sondern zum Beispiel „Löwe tanz" oder „Löwe schlaf". Die Kunst besteht also darin, den Tieren etwas anderes zu befehlen als das, was sie wirklich machen sollen. Mal sehen, wie lange der Zirkusdirektor das durchhält. Spiel doch „Verdrehter Nordseezirkus", nachdem du einen Zoo besucht und die dort lebenden Tiere und ihre Eigenarten beobachtet hast. Im Tier- und Freizeitpark Jaderberg oder im Meereszoo in Bremerhaven kannst du dir viele Ideen holen. Und wenn jemand „Flieg" zu dir sagt, dann bleibst du hübsch auf dem Teppich!

Die tönende Riesen-Rutsch-Schlange

♫♫♫ Wenn sich die Sonne hinter dicken dunklen Wolken verzieht, wenn es regnet und windet und es zum Spielen im Freien zu ungemütlich ist, dann verzieh dich doch mit deinen Freunden in die neue Spielscheune im Nordseebad Burhave in Butjadingen. Dort gibt es nicht nur eine Luftkissenburg, ein Ballbad und ein Trampolin, ein Fahrradkarussell, Jet-Skooter und einen sechs Meter hohen Kletterberg, auch eine Super-Riesen-Rutsche wartet auf dich. Hast du eigentlich schon mal eine tönende Riesen-Rutsch-Schlange gesehen? Du brauchst viele Mitspieler dazu, je mehr, desto besser. Ihr hockt euch dicht hintereinander an den Anfang der Riesenrutsche. Du setzt dich nach vorne und machst den anderen zuerst die tönende Riesen-Rutsch-Schlange vor: „aaaaaaaaaaaa". Dabei gehst du mit der Stimme rauf und runter. Die anderen ahmen dich nach. Gemeinsam übt ihr diesen Ton, ohne dabei abzusetzen, solange es geht. Und nun rutschst du langsam (!) mit deinen Freunden los, und alle zusammen singen „aaaaaaaaaaaa". Ihr werdet sehen, daß man dafür einen langen Atem braucht. Holt also vorher tief Luft und haltet euch gut fest, damit die Riesen-Schlange nicht auseinanderreißt. Nun probier mit deinen Mitspielern auch andere Töne aus, zum Beispiel „iiiiiiiiiiiiii" oder „eeeeeeeeee". Außerdem gibt es natürlich noch viele andere Laute, mit denen ihr die Super-Rutsche zum Tönen bringen könnt. Wetten, daß bald alle Kinder mitrutschen wollen?

Auf Wiedersehen – im Butje-Club

Sicher hast du in Butjadingen viele neue Spielfreunde gefunden. Vielleicht sind auch sie Mitglied im Butje-Club?

☺☺☺ Alle „Butje-Clubber" treffen sich mehrmals in der Woche und machen zusammen tolle Ausflüge oder spielen nachmittags am Strand. Wenn du wieder zu Hause bist, bekommst du regelmäßig Butje-Post – manchmal auch mit kleinen Überraschungen. Du kannst deinen Ferienfreunden auch Briefe schreiben. Damit du eine schöne Erinnerung an deine Freunde in Butjadingen hast, tausch doch mit ihnen persönliche Erinnerungsblätter aus. Nimm ein Blatt farbiges Papier und mal darauf ganz groß dein Lieblingstier, z. B. ein Häschen aus dem Streichelzoo vom Hof Iggewarden. Schneid es aus und beschreib dich selbst darauf, etwa so:

„Ich heiße Lina Immerfroh und bin 8 Jahre alt. Ich wohne in Untertutendorf in der Breiten Straße. Ich gehe schon in die zweite Klasse. Meine Lieblingsfächer sind Lesen und Turnen. Nur Handarbeiten find ich ziemlich langweilig. Mein Lieblingsessen ist Matjeshering mit Pommes frites. Das könnte ich jeden Tag essen. Nächstes Jahr möchte ich wieder nach Butjadingen kommen und Piratin spielen. Die Schiffstour zu den Seehundbänken und die Wattwanderung haben mir nämlich am besten gefallen."

Du kannst dazu ein Bild von dir selbst malen und dein Erinnerungsblatt mit deiner neuen Ferienfreundin oder mit deinem neuen Ferienfreund tauschen. Je mehr Blätter du tauschst, desto mehr kannst du später zu Hause aufhängen und dich an deine Ferien in Butjadingen erinnern.

Infos bei:
Butjadingen Kur und Touristik GmbH,
Strandallee 61
26 969 Butjadingen

Beim Essen spricht man nicht!

Oder doch?

Wie die gemeinsamen Mahlzeiten noch mehr Spaß machen

Beim Essen geht es um viel mehr als nur um Nahrungsaufnahme. Gemeinsame Mahlzeiten spielen auch für die Sprachentwicklung eine wichtige Rolle. Kleine Tricks und witzige Spielideen steigern den Appetit – und das Sprachvermögen.

Um richtig sprechen zu lernen, brauchen Kinder in erster Linie Gelegenheiten zum Gespräch und eine entspannte Atmosphäre. Wo finden sie das besser als bei den Mahlzeiten? Zwar steht das Essen im Mittelpunkt, doch setzen sich alle auch an den Tisch, um noch andere Formen des Hungers zu stillen – nach Gemeinsamkeit, nach Nähe, nach Information. Es werden Neuigkeiten ausgetauscht, Fragen gestellt, Antworten gegeben, Konflikte ausgetragen, Späße gemacht – die ganze Bandbreite der Sprache kommt hier zum Einsatz.

Zuhören bei den Gesprächen anderer ist ebenso wichtig wie der Dialog mit einem Partner, der wiederum konzentriert zuhört und dann antwortet.

Zuhören, nicht verbessern

Schon das Zusammensitzen und die Tischgespräche sind für Kinder das reinste Sprachübungslager, wenn sie immer wieder aktiv in die Gespräche einbezogen werden. Auch hier gilt: Viel sprechen geht vor richtig sprechen, zuhören geht über verbessern. Ein Dialog wie: „Die Tirschen sind aber süß" – „Das heißt Kirschen!" drückt den Selbstwert Ihres Kindes und hemmt eher seine Sprachentwicklung.

Die folgenden Spielideen unterstützen das Lernen von Sprache auf verschiedene Weise – durch Gymnastik für die Zunge und die Lippen, durch Schulung der Wahrnehmung, also Sehen und Hören, ganz konkret mit Übungsspielen für die S-, R-, G- und K-Laute. Aber immer durch spielerischen Umgang mit Sprache.

Mit Lust und Laune

Vielfalt ist Trumpf, wenn ein Kind regelmäßig unterschiedliche Gesprächssituationen erlebt. Das können eine große Tafel mit vielen Leuten oder ein Imbiß nur mit den Geschwistern und gleichaltrigen Freunden sein. So findet vielleicht jede Mahlzeit des Tages in einer anderen Zusammensetzung statt. Frühstück gibt's alleine mit Papa, während sich abends die ganze Familie zum Essen versammelt. Laden Sie zum Mittagessen die Freundinnen Ihres Kindes ein. Wechseln Sie sich mit anderen Familien ab. Gespräche unter Kindern, die in der Sprachentwicklung auf dem gleichen Stand sind, fördern das Sprechenlernen enorm. Außerdem macht das Essen dann gleich viel mehr Spaß. Und es passiert nicht mehr, daß die gemeinsame Mahlzeit einfach ausfällt.

Morgens um sieben ...

Sich für die täglichen Mahlzeiten Zeit zu nehmen, ist nicht immer ganz einfach. Besonders morgens wird oft mit der Zeit gegeizt – mit dem Argument, daß so früh sowieso keiner Hunger hat. Wenn aber jeder seine feste Aufgabe hat – Kaffee kochen, Brötchen holen etc. – und sie von sich aus zur vereinbarten Zeit erledigt, gelingt es auch viel leichter, den Tisch gemütlich zu decken.

Wenn der Frühstückstisch schön aussieht, kommt der Appetit von selbst – und die gute Laune auch. Starten Sie mit den vorgeschlagenen Neuerungen zum Wochenende. Da geht´s normalerweise nicht so hektisch zu, und alle haben wahrscheinlich mehr Sinn für einen Neubeginn.

Wie wäre es, wenn du am nächsten Wochenende mit deiner Familie ausmachst, wer beim Frühstück welche Aufgabe übernimmt? Mach zuerst eine Liste, was zu tun ist, und verteil sie dann. Weil du auf die Idee gekommen bist, darfst du dir zuerst die Aufgaben aussuchen, für die du zuständig sein willst. Eier kochen zum Beispiel – Eier legen gilt nicht!

Am Wochenende darf das Frühstück ruhig ausgedehnt werden und festlicher ausfallen. Kinder sind von bunter Tischdekoration oft ganz hingerissen.

☞ ☞ ☞ Wenn du das Frühstück am Wochenende etwas verschönern möchtest, dann mal doch für jeden von euch ein Tischset. Auf ein Blatt Papier (DIN-A3, oder zwei Blätter DIN-A4 aneinander geklebt) malst du am Rand und in den Ecken Figuren aus einer Geschichte. Vielleicht schreibst du auf jedes Set noch den Namen. Die Mitte des Blattes läßt du frei – da steht dann beim Frühstück der Teller drauf. Jeder erzählt den anderen die Geschichte, die auf sein Set gemalt ist.

Dieses Spiel eignet sich für ein Frühstück, bei dem keiner auf die Uhr schauen muß.

☞ ☞ ☞ Wie wär's mit einem kleinen Wettbewerb? Die erste Frage könnte lauten: „Welche Tiere kennst du?" (Oder: „Welche Vögel kennst du?", „Welche Tiere leben auf dem Bauernhof?", „Welche Autos kennst du?") Reihum darf jeder ein Tier nennen und bekommt für jedes einen Chip (eine Rosine, eine Kirsche). Wem nichts einfällt, gibt weiter. Das Spiel ist zu Ende, wenn keiner mehr ein Tier weiß.

Mittagessen für viele Mäuse auf dem Mars

Wenn mehrere Kinder zu unterschiedlichen Zeiten nach Hause kommen, klappt ein gemeinsames Mittagessen vielleicht nicht auf Anhieb. Vielleicht kriegen Sie es ja mit den Freunden Ihres Kindes hin? Dabei darf es ruhig etwas turbulenter zugehen. Keine Angst, Ihr Kind wird auch in Gesellschaft nicht zu wenig essen! Daß alle zusammen den Tisch abräumen, ist selbstverständlich.

So ein ganz normales Mittagessen zu Hause – das ist ja nichts Besonderes. Aber ein Picknick auf einem fernen Planeten – da haben die Lebensmittel total verrückte Namen. Auch die Lebewesen heißen ganz anders als auf der Erde. Und man muß sich erst zublinzeln, bevor man jemanden ansprechen darf!

Manchmal geht es hoch her,
wenn viele Personen am Tisch sitzen.
Damit wieder ein bißchen Ruhe ein-
kehrt, spielen Sie dieses Spiel, schlägt
Familie Betzer aus Pettendorf vor:

Kennst du „Stille Post"? Du wisperst
deiner Tischnachbarin etwas ganz leise ins Ohr,
zum Beispiel, daß dir die Bratkartoffeln prima
schmecken. Die flüstert das dann ihrem Nebenmann zu – und so weiter. Mal sehen, welcher
Satz beim Letzten in der Runde ankommt.

Eine gute Sprechgymnastik ist Saugen
und Pusten, also das Benutzen von
Strohhalmen, findet Frau Endruschat
aus Rautrum. Es muß ja nicht gleich
der ganze Tisch schwimmen.
Aber es macht einfach Spaß, ein
bißchen im Glas zu blubbern oder
vielleicht die Soße vom Teller abzu-
saugen. Auch Teller abschlecken und
Kirschkerne weitspucken (im Garten)
sollten ab und zu erlaubt sein.

Ist das Mittagessen fertig,
benehmen sich alle wie Katzen
und schlecken sich die Münder
sauber. Wer hat die längste
Zunge und kommt bis
an die Nasenspitze?

Am Ende eines langen Tages

In den meisten Familien ist das Abendessen die Mahlzeit, bei der alle zusammenkommen. Der Tag ist fast vorbei, es gibt viel zu erzählen, zu besprechen und zu fragen.

Die folgenden Spiele eignen sich besonders dann, wenn ein Kind bei der Vielzahl der Gespräche und Themen nicht mitkommt und deshalb nur wenig spricht. Außerdem soll ja auch das Abendessen Spaß machen, so daß sich die Kinder auf diesen „Termin" freuen.

Nimm dir einen langen, dünnen Gegenstand, zum Beispiel einen Strohhalm oder einen Zahnstocher, und gib ihn mit dem Mund an deinen Nachbarn weiter. Wie oft schafft ihr die Runde, ohne ihn fallen zu lassen? Zur Belohnung schickt ihr euch dann gegenseitig Puste-Küßchen: auf die Handfläche küssen und zu jemandem hinpusten – je doller und leidenschaftlicher du schmatzt, um so besser!

Grundsätzlich macht es den Kindern Spaß, auch mal die Eltern zu korrigieren. Vereinbaren Sie einen Zeitraum (etwa 5 Minuten), in dem Sie absichtlich Fehler machen oder falsche Begriffe benutzen, und Ihre Kinder korrigieren Sie. Auch die Erwachsenen müssen sich konzentrieren, wenn sie zum Beispiel bei allen Wörtern, die mit G oder K beginnen, den ersten Buchstaben weglassen. Die Kinder müssen genau aufpassen, um den Fehler zu bemerken und die Eltern zu berichtigen.

Für alle Spiele und Ideen zu den Mahlzeiten gilt: Sie ersetzen selbstverständlich nicht das ruhige und intensive Gespräch „ohne Nebenbeschäftigung Essen". Aber auch am Eßtisch können Sie gemeinsam viel Spaß erleben und nebenbei etwas für die Sprache tun. Um zum Schluß noch die Frage in der Überschrift zu beantworten – die richtige Regel heißt natürlich: „Mit vollem Mund spricht man nicht!"

Wie eine Menschenfamilie spricht, weiß jeder. Aber wie klingt das abendliche Gespräch bei den Raben? „Rabrabrab!" „Rab?" „Rabrab rabrab". Was könnte das bedeuten? Probiert es mal aus, euch etwas mitzuteilen. Außerdem gibt es ja noch die Entensprache (gack gackgack) und die Kuckuckssprache (kuckuck, kuckuck). Verstehen sich eigentlich Raben und Enten? Und wie ist es mit Enten und Kuckucks?

Aus Forschung und Praxis

Interviews mit Fachfrauen

und -männern

Interview mit Silvia Stevens-Pelz,
Logopädin und Familientherapeutin aus Obertshausen

Wie sieht die Ausbildung einer Logopädin aus?

Unsere Ausbildung an speziellen Logopäden-Lehranstalten dauert sechs Semester und schließt mit einem Staatsexamen ab. Es wird Wissen aus den Bereichen Medizin, Psychologie und Pädagogik vermittelt. Begleitend führen die Studentinnen eigene Therapien in Kindersprache, Stottern, Stimme und Aphasie unter psychologischer und logopädischer Supervision durch.

Diese Kombination von Theorie und Praxis ermöglicht es, schon in der Ausbildung Therapieerfahrung und -kompetenz zu entwickeln. Bevor man sich allerdings selbständig machen kann, sind zwei Jahre Berufserfahrung erforderlich. Ich habe mich kontinuierlich weitergebildet und eine zusätzliche Ausbildung als Familientherapeutin absolviert.

Wie gehen Sie konkret vor, wenn Eltern mit ihrem Kind zum ersten Mal zu Ihnen kommen?

Nach einer Überweisung durch eine Kinder- oder Hals-Nasen-Ohrenärztin führe ich ein ausführliches Gespräch mit den Eltern über die gesamte bisherige Entwicklung des Kindes. Insbesondere frage ich nach seinem Verhalten und der Motorik. Wichtig ist auch, ob das Kind häufig Mittelohrentzündungen hatte, weil es dadurch zu einer Beeinträchtigung des Hörens kommen kann. Das Kind nimmt die Sprache einfach dumpfer wahr und hört nicht mehr so differenziert.

Nach dieser ersten orientierenden Diagnostik bespreche ich die Ergebnisse mit den Eltern. Manchmal genügt es, ihnen Anregungen zu geben, was sie zu Hause spielerisch mit dem Kind tun können. Nach dieser Beratung vereinbaren wir gegebenenfalls nach einigen Monaten einen zweiten Termin zur Kontrolle. Wenn eine Therapie erforderlich ist, bespreche ich mit den Eltern den ungefähren Verlauf. Abhängig vom Befund empfehle ich manchmal auch weitere diagnostische Maßnahmen, zum Beispiel bei einer Ergotherapeutin.

Und wie sieht dann die Therapie im einzelnen aus?

Generell werden in einer Therapie mit Vorschulkindern die Lernziele im Spiel und in der Handlung erarbeitet. Denn Kinder lernen durch „Be-greifen" und durch Imitation. Ich erstelle für jedes Kind ein individuelles Konzept – mit Rücksicht auf das Alter, die vorliegende Beeinträchtigung und das aktuelle Verhalten. Bei Sprachentwicklungsverzögerungen etwa „be-handeln" wir im Spiel jeweils ein bestimmtes Thema. Dabei geht es sowohl um den Wortschatz wie um den Satzbau. Wenn es sich um Lautbildungsfehler handelt, fördere ich insbesondere die Hörwahrnehmung und die Mundmotorik.

Welcher Zusammenhang besteht zwischen der motorischen Entwicklung sowie dem Verhalten des Kindes und seiner Sprachentwicklung?

Stellen Sie sich die gesamte Entwicklung eines Kindes vor wie eine Zugfahrt: Es ist nicht möglich, wichtige Stationen seiner Entwicklung zu überspringen. Während sich im Säuglings- und frühen Kleinkindalter zunächst die grobmotorischen Fähigkeiten entwickeln, folgen später die feinmotorischen. Sprache ist in gewisser Hinsicht auf der obersten Stufe dieser Entwicklung angesiedelt. Hat ein Kind in der Grob- oder Feinmotorik Schwierigkeiten, dann müssen diese mitbehandelt werden, weil sie quasi die Voraussetzung für den Spracherwerb bilden.

Ich muß das Kind also dort abholen, wo es auf seiner „Entwicklungsreise"
gerade angekommen ist. Wir vollziehen in der Therapie gewissermaßen die
ganze Reise von dieser „Station" aus nach. Denn das Sprechen selbst ist ja ein
motorischer Vorgang, und zwar ein sehr differenzierter. Eine Sprachtherapie, die
Defizite im motorischen Bereich außer acht läßt, kann nicht erfolgreich sein.
Das Verhalten des Kindes ist ein weiterer entscheidender Faktor. Sprache
hängt nämlich auch vom Willen ab. Es kommt vor, daß sehr zurückhaltende
Kinder einzelne Laute nicht entwickeln, oder daß sich Konflikte innerhalb
der Familie im Sprachverhalten ausdrücken.

Wie lange dauert in der Regel eine umfassende logopädische Behandlung?

Das ist natürlich individuell unterschiedlich. Als Richtwert gehen wir bei der
Behandlung eines Lautbildungsfehlers von 15 bis 20 Sitzungen aus.
Eine Therapie bei einem Kind mit einer Sprachentwicklungsverzögerung
oder -behinderung kann Jahre dauern.

In welchem Alter sollte idealerweise mit einer Therapie begonnen werden?

So früh wie möglich: Bei einer Verzögerung in der Sprachentwicklung schon
mit 2 1/2 bis 3 Jahren, bei Lautbildungsfehlern spätestens mit 4 Jahren.
Je später mit einer Therapie begonnen wird, um so länger ist der Weg,
den wir gemeinsam nachholen müssen.

Welche Empfehlungen geben Sie für einen sprachfördernden Umgang mit Kindern?

Kinder lernen Sprache auch durch Zuhören, Imitieren, Spielen.
Wir Erwachsene sollten deshalb eine altersangemessene Sprache verwenden,
bei sehr kleinen Kindern also langsam, deutlich und in kurzen, einfachen Sätzen
sprechen. Wichtig ist auch, daß die Großen zuhören, wenn die Kinder reden.
Sie lernen durch aufmerksames Hören und plappern von sich aus sowieso
vieles nach, was sie von Erwachsenen mitbekommen. Man braucht sie dazu
gar nicht aufzufordern.
Insgesamt wirkt sich ein liebevolles und konsequentes Verhalten der Eltern
positiv auf die gesamte Entwicklung des Kindes aus. Kinder brauchen Liebe.
Und sie brauchen Grenzen, die sie nicht in erster Linie einschränken,
sondern ihnen Sicherheit geben.

Welche besonderen Schwerpunkte weist Ihre Arbeit auf, woran erkennt man eine gute Therapeutin?

Bei immer neuen Störungsbildern ist es in unserem Beruf wichtig,
sich ständig fortzubilden. Das ist vielleicht ein Kriterium, an dem ich
die Qualität messen würde. Manche spezialisieren sich auf bestimmte Bereiche.
Da lohnt es sich nachzufragen.
Für den Erfolg einer Therapie ist der Ausbildungsweg der Therapeutin sicher
nicht das wichtigste Kriterium. Die Eltern müssen ein gutes Gefühl haben.
Sie müssen davon überzeugt sein, daß ihr Kind gut aufgehoben ist.

Interview mit Theo Borbonus, Leiter einer Sprachheil-
schule in Wuppertal

Weshalb haben in den letzten Jahren Spracherwerbsstörungen so massiv zugenommen?

Bis zu 25 Prozent der vierjährigen Kinder leiden mittlerweile unter Sprachentwicklungsverzögerungen – bei 96 Prozent der betroffenen Kinder ist das
Sprachverständnis am meisten gestört. Kinder machen verstärkt sinnliche
Erfahrungen aus zweiter Hand, aber ihr Geruchs-, Geschmacks-, Temperatur-
und Gleichgewichtssinn wird immer seltener durch eigenes Erleben direkt
angesprochen. Eingeschränkt ist auch ihre Beweglichkeit wegen fehlender Spiel-
räume oder mangelnder Anregung, sich zu bewegen. Analog ist das Angebot an
passiv erlebter Sprache – etwa durch Fernseher, Video und Computer – riesig,
der Anteil von aktiver, selbst produzierter Sprache jedoch sehr bescheiden.
Beim Schriftspracherwerb zeichnen sich ähnliche Entwicklungen ab.
Es sind also alle drei menschlichen Kommunikationssysteme gefährdet:
Körper-, Laut- und Schriftsprache. Kindheit an sich, die Lebensbedingungen für
Kinder, die gesamten gesellschaftlichen Lebensumstände haben sich stark verändert. In Zeiten hoher Dauerarbeitslosigkeit, verstärkten Wettbewerbs- und
Rationalisierungsdrucks, gravierender Einschnitte ins soziale Sicherungssystem
sind Eltern mehr mit der Bewältigung der eigenen Probleme beschäftigt. Folg-
lich bringen sie weniger Zeit auf, sich um die Heranwachsenden zu kümmern,
sich mit ihnen auseinanderzusetzen und ihre Wünsche kennenzulernen.
In die Schule kommen Schulanfänger mit immer krasser differierenden Vor-
erfahrungen und sehr unterschiedlich entwickelten Fähigkeiten. Konsequenter-
weise erwächst daraus für die Kinder ein Anspruch auf individualisierende
Behandlung, eine immense Herausforderung an Kindergärten und Schulen.
Mit diesem gesellschaftlichen Wandel und den veränderten Lebensbedingungen
müssen sich alle auseinandersetzen. Unser Ziel sollte es sein, eine Umgebung
zu schaffen, die die Entwicklung von Kindern fördert.

Bis zu welchem Lebensjahr sollten Sprachentwicklungsverzögerungen bei Kindern behandelt werden?

Ab welchem Alter sollte die Frage lauten! Weil gutes Hören die wichtigste Voraussetzung ist, um richtig sprechen zu lernen, muß zu allererst geklärt werden,
ob ein Kleinkind richtig hört. Die normale Sprachentwicklung beginnt dann um
das 1. Lebensjahr und ist um das 5. Lebensjahr abgeschlossen. In diesem Zeitraum entwickelt das menschliche Gehirn auch die höchste Aktivität seines
gesamten Lebens: Alles, was der Mensch später lernt, lernt er mühevoller bzw.
ab einer bestimmten Zeit gar nicht mehr. Hirnforscher sprechen von Entwick-
lungsfenstern, die sich dann schließen. Eine Behandlung sollte beginnen, wenn
nach Vollendung des 2. Lebensjahres der Spracherwerb noch nicht begonnen
hat bzw. die Sprachentwicklung um das 4. Lebensjahr noch deutlich verzögert
ist. Zur Einschulung sollten Kinder normgerecht sprechen können.

An wen können sich Eltern wenden, wenn ihr Kind Schwierigkeiten beim Sprechen hat?

Die ersten Anlaufstellen für Diagnostik und Beratung sind meistens der
Kinder- bzw. der Hals-, Nasen-, Ohrenarzt oder auch das Gesundheitsamt mit
Fachberatern für Sprach- und Kommunikationsprobleme, um abzuklären,
ob eine Hörstörung für die Kommunikationsprobleme verantwortlich ist.

Welche Ausbildung bringen Sie als Sprachheilpädagoge mit?

Sprachheilpädagogen haben nach 8 bis 10 Semestern einen Universitätsab-
schluß als Sonderpädagoge mit dem Schwerpunkt Sprachbehindertenpädagogik.
Zwei Ausbildungsgänge sind möglich:
1. zum Sprachheillehrer (mit staatlichem Examen), der an Sonderschulen mit
   Schwerpunkt Sprachbehindertenpädagogik unterrichtet;
2. zum Diplom-Sprachheilpädagogen (mit wissenschaftlichem Diplom- oder
   Magisterabschluß) im außerschulischen Bereich (Rehabilitationskliniken,
   Kindergärten oder eigene Praxis).

Wie gehen Sie konkret bei Ihrer Arbeit vor?

Als Fachberater für Sprachstörungen beim Gesundheitsamt führe ich die Diagnostik durch, berate die Eltern und lege die Behandlung und ihren Umfang
fest. Ich beurteile zunächst die Spontansprache eines Kindes. Bei einer leichten
Störung in einem Bereich läßt sich relativ schnell entscheiden, ob eine Therapie
erforderlich ist. Das kann durchaus der Fall sein, obwohl bei einem fünfjährigen
Kind zum Beispiel nur die Lautbildung betroffen, aber die Spontansprache
dadurch stark beeinträchtigt ist. Durch Tests zum Sprachverständnis, zum
Wortschatz, zur Grammatik und zur Lautbildung stelle ich bei Störungen in
mehreren Bereichen gleichzeitig fest, wo die Schwerpunkte der sprachlichen
Ausfälle bestehen und wie umfangreich die Therapie sein sollte.
An einer Sprachheilschule unterrichte ich Kinder mit Sprach- und Kommuni-
kationsproblemen. Lesen, Schreiben und Erzählen sind natürlich geeignete
sprachintensive Schulfächer. Viele sprachtherapeutische Elemente können auch
in Fächer wie Musik und Rechnen einfließen. Bei Kindern, die Probleme mit
der Lautbildung haben, schärfe ich z. B. durch korrigierendes Wiederholen
der falsch ausgesprochenen Laute die Eigenwahrnehmung des Kindes,
so daß es schließlich selbst die Sprechfehler erkennt und sich unaufgefordert,
d. h. ohne Impuls von außen, selbst verbessert.
Als Sprachheilpädagoge führe ich umfangreiche, intensive diagnostische Untersuchungen und Individualtherapie durch. Wir gehen von einem ganzheitlichen
Ansatz aus: Das betroffene Kind wird in seiner gesamten individuellen Entwicklung und Persönlichkeit betrachtet. Diese Sichtweise setzt sich seit einigen Jahren bei allen Berufsgruppen durch, die sich mit kindlichen Spracherwerbsstörungen befassen. Die Art der Störung bestimmt die Art der Behandlung.
Es können Probleme in allen vier sprachlichen Bereichen bestehen: Sprachverständnis, Wortschatz, Grammatik und Lautbildung, oder einzelne Bereiche
sind stark betroffen, andere hingegen nicht oder kaum. Sprachheilpädagogen
bringen für die Behandlung solcher komplexer Kommunikationsprobleme eine
differenzierte therapeutische Behandlungsmethodik mit, um auf die verschiedenen Sprachstörungen sowie deren Umfang und Grad einzugehen.

Wann ist der Besuch einer Sprachheilschule hilfreich und sinnvoll?

Wenn Kinder schulpflichtig werden und noch so sprachauffällig sind, daß eine
erfolgreiche Mitarbeit in der Grundschule nicht möglich wäre. Etwa 90 Prozent
der Kinder, für die eine Sprachheilschule empfohlen wird, haben bereits im Vorschulalter eine ambulante Sprachtherapie erhalten. Der Vorteil einer Sprachheilschule liegt darin, daß die Klassenlehrer in der Regel gleichzeitig die
Sprachtherapie durchführen, also täglich auf die Sprache der Kinder einwirken.
Aber es trennt sie eine Zeitlang von ihren sozialen Bezügen vor Ort.
Die Eltern müssen also entscheiden, ob sie trotzdem die intensive sprachliche

Förderung ihrer Kinder in der Sprachheilschule möchten. Sprachheilschulen haben übrigens den gleichen Lehrplan wie Grundschulen und sind Durchgangsschulen, d. h. Kinder bleiben nur so lange dort, wie ihre Sprache auffällig ist.

Wie lange dauert in der Regel die Behandlung von Sprachentwicklungsverzögerungen?

Das hängt vom Grad der Sprachstörung sowie von der Kooperationsfähigkeit und -bereitschaft des Kindes ab. In der Regel bessert sich die Sprache eines betroffenen Kindes nach 60 halbstündigen Sitzungen erheblich.
Bei besonders gravierenden Störungen in drei oder vier Bereichen gleichzeitig kann die Therapie bis zu zwei Jahren dauern.

Wie können Eltern ihre Kinder beim Spracherwerb, insbesondere in den ersten Lebensjahren, unterstützen?

Sie sollten sich auf die veränderten Lebensbedingungen von Kindern einstellen und eine entwicklungsfördernde Umgebung schaffen. Grundlage solcher Bemühungen muß eine lebendige und aktive, von Wärme geprägte Eltern-Kind-Beziehung sein. Nur auf diese Weise wirkt einer der wichtigsten Lernmechanismen: Lernen durch Identifikation. Spiele erfüllen dabei eine essentielle, beziehungsstiftende Funktion. Da die Entwicklung der Beweglichkeit eng mit der Entwicklung von Sprache und Sprechen zusammenhängt, sind Bewegungsspiele ebenfalls wesentlich – zumal sie die Eigenwahrnehmung des Kindes und seine sinnlichen Fähigkeiten trainieren. Wiederholung durch Rituale, z. B. das abendliche Bilderbuch-Gespräch und regelmäßiges Singen hilft außerdem entscheidend beim Spracherwerb.

Interview mit Silvia Stramitzer-Herbert, Sprachtherapeutin aus Frankfurt am Main

Wie sieht Ihre Ausbildung aus?

Sprachtherapeuten sind zunächst einmal Diplom-Pädagogen. Ich habe an der Universität Sonder- und Heilpädagogik mit der Fachrichtung Sprachheilpädagogik studiert. Psychologie, Medizin und Soziologie sind weitere Schwerpunkte. Nach Abschluß des Studiums ist eine zweijährige Arbeit in einer logopädischen oder sprachtherapeutischen Praxis erforderlich, um sich selbständig als Sprachtherapeutin niederlassen zu können.

Wie gehen Sie vor, wenn Eltern mit ihrem Kind zu Ihnen kommen?

In aller Regel überweist eine Kinder- oder Hals-Nasen-Ohrenärztin das Kind in meine Praxis. Eltern wenden sich allerdings auch direkt an mich, um ein erstes Gespräch zu führen. Für eine gezielte Therapie ist aber das ärztliche Rezept notwendig.
Dann ermittle ich den sprachlichen Stand des Kindes. Ich animiere es über Spiele oder Bilder zum Sprechen und beobachte es genau. Wichtig ist auch, was die Eltern über die bisherige Entwicklung des Kindes in bezug auf die Motorik, die Wahrnehmung und das Verhalten mitteilen.
Ziel dieser Erstbehandlung ist die Bestimmung des Symptombildes, also der Erscheinungsform der Sprachstörung, und ein Ausblick auf die Therapie.
Bei umfangreichen Sprachentwicklungsverzögerungen ist dafür natürlich eine längere Beobachtungszeit erforderlich.

Wie sieht dann die Therapie im einzelnen aus?

Jedes Kind bekommt eine individuelle Therapie mit ganzheitlichem Ansatz. Ich betrachte dabei nicht nur das Kind mit seiner Sprachstörung, sondern in seiner gesamten Entwicklung. Bei den verschiedensten Spielen, Bewegungs- und Geschicklichkeitsübungen beobachte ich, ob auch in anderen Bereichen Defizite bestehen.

Meist läßt sich nämlich ein Zusammenhang zwischen den konkreten Sprach- entwicklungsverzögerungen und weiteren, oft weniger ins Auge fallenden Störungen feststellen. Häufig ist die gesamte Körperwahrnehmung der Kinder gestört. Sie können dann zum Beispiel nicht unterscheiden, ob sich ein Gegen- stand im Raum vor, hinter oder neben ihnen befindet. Manche haben auch Probleme mit dem Gleichgewicht oder mit der Wahrnehmung von Sinnesein- drücken über die Haut. Manchmal ist das Auge-Hand-Zusammenspiel gestört: Die Kinder haben zum Beispiel Probleme, eine Kette aufzufädeln, oder sie können keinen Ball fangen.

Bei der Auswahl der Therapieform berücksichtige ich alle diese Beobachtungen und entwickle für jedes Kind spezielle Übungen und Spiele, die seine Entwick- lung und Persönlichkeit fördern und stärken. Es soll Erfolge erleben und Bestätigung sowie Lob erfahren, so daß sein Selbstwertgefühl gestärkt wird.

Sie sitzen dem Kind nicht am Tisch gegenüber und machen Sprachübungen vor dem Spiegel?

Solche Übungen können für bestimmte Kinder zwar ein Bestandteil der Therapie sein. Mein Praxisalltag sieht aber anders aus: Ich setze gezielte Übungen und Spiele ein, um die Sinne anzuregen, die Körper- wahrnehmung und die Motorik zu fördern. Zur Therapie können also Bürsten- massagen ebenso gehören wie gezielte Sprachspiele. Wenn ich extreme Defizi- te im motorischen Bereich feststelle, rate ich den Eltern zusätzlich zu gezielter Krankengymnastik oder Ergotherapie.

Die Sprachentwicklung ist gewissermaßen die höchste Stufe einer ganzen Reihe von Entwicklungen, die ihr voraus- oder mit ihr einhergehen. Bestehen Defizite oder Störungen in einem oder in mehreren dieser nicht-sprachlichen Bereiche, dann ist deren Aufarbeitung sozusagen die Voraussetzung für den Erfolg der Sprachtherapie. Deshalb der ganzheitliche Ansatz.

Wie lange dauert in der Regel eine sprachtherapeutische Behandlung?

Das ist ganz unterschiedlich. Eine Therapie kann schon nach 10 oder 20 Stunden abgeschlossen sein – bei stark ausgeprägtem Störungsbild aber auch zwei oder drei Jahre dauern. Bei längerer Dauer dokumentiere ich regelmäßig die Fortschritte und den aktuellen Entwicklungsstand des Kindes. Der medizi- nische Dienst der Krankenkasse prüft die Berichte und entscheidet im Einzel- fall über die weitere Übernahme der Therapiekosten.

In welchem Alter sollte idealerweise mit einer Therapie begonnen werden?

Eine Störung verfestigt sich immer mehr, je länger das Kind mit diesem Störungsbild spricht. Für eine möglichst frühe Behandlung spricht auch, daß Eltern und Kinder um so mehr unter Zeitdruck geraten, je näher der Einschu- lungstermin rückt. Eine entspannte Situation in der Therapie ist so unmöglich. Bis zum vollendeten 4. Lebensjahr sollte der Lauterwerb und das Erlernen grammatikalischer Strukturen abgeschlossen sein. Fachlicher Rat ist gefragt, wenn danach Symptomatiken wie starkes Lispeln fortbestehen, das im Alter von zwei oder drei Jahren völlig unauffällig ist.

Bei besonders umfangreichen Symptomatiken können Eltern ihr Kind sogar schon früher vorstellen, da oft lange Wartezeiten auf einen Therapieplatz bestehen. Unter Umständen bekommen Eltern dann Anregungen, das Sprechen ihres Kindes zu fördern, so daß eine aufwendige Therapie überflüssig wird.

Welche Empfehlungen geben Sie für einen sprachfördernden Umgang mit Kindern?

Langsam und deutlich sprechen! Besonders anfangs, wenn das Kind noch Schwierigkeiten hat, sich auszudrücken, ist es wichtig, ruhig und freundlich abzuwarten, bis es seine Aussage beendet hat. Korrekturen sollten niemals direkt als „Verbesserung" formuliert werden. Nehmen Sie vielmehr die Aussage des Kindes auf und geben Sie sie in Ihren eigenen Worten wieder.

Toll ist auch, wenn Eltern es schaffen, die zahlreichen Situationen bewußt zu nutzen, die sich im Alltag mit einem Kind ergeben. Einen Kuchenteig gemeinsam herzustellen, kann zu einem Erlebnis mit zahlreichen Gesprächsanlässen werden - vorausgesetzt, das Kind darf sich dabei kindlich verhalten.

Ich halte diese kleinen Dinge im täglichen Umgang mit dem Kind für das wesentliche Kriterium einer erfolgreichen Sprachentwicklung. Wollen Eltern ihr Kind darüber hinaus gezielt fördern, sollte das nicht in einer gespannten Lernatmosphäre erfolgen. Das wichtigste ist die Freude am Sprechen.

Kleine Sprachspiele können immer wieder eingeflochten werden.

Sogar Übungen zur Verbesserung der Mundmotorik können sie spielerisch und ganz „natürlich" durchführen: Beim Knabbern einer Salzstange ohne die Hände werden zum Beispiel Lippen und Zunge trainiert, genauso beim Trinken mit Strohhalm, bei Seifenblasen oder beim Pusten von Wattebällchen.

Welche Schwerpunkte weist Ihre Arbeit auf, und woran erkennt man einen gute Therapeutin?

Ein besonderes Merkmal von Sprachtherapeuten ist sicher der erweiterte Blickwinkel, der sich aus dem Wissen um den Einfluß von psychologischen Aspekten und Sozialstrukturen ergibt. Ich denke, daß sie auch im allgemeinen stark an interdisziplinärer Arbeit interessiert sind.

In unserem Beruf kommt es neben der Ausbildung ganz wesentlich auf die Persönlichkeit und die individuelle Arbeit an. Eine „gute Therapeutin" fördert das Kind in seiner gesamten Entwicklung und arbeitet mit seinen Bezugspersonen zusammen.

Interview mit Prof. Dr. med. Manfred Heinemann, Direktor der Klinik für Kommunikationsstörungen / Uni-Klinik Mainz

Kommunikationsexperten stellten in den vergangenen Jahren zunehmend Sprachentwicklungs-verzögerungen bzw. -störungen bei Kindern fest. Was bedeuten diese Begriffe genau?

Phoniater und Pädaudiologen (Ärzte für Stimm-, Sprach- und kindliche Hörstörungen) unterscheiden drei Untergruppen einer Sprachentwicklungsstörung,

die 1. auf medizinischen Ursachen beruhen kann:

der Rückstand in der Sprachentwicklung ist also ein Symptom.

oder 2. die Krankheit selbst ist – ohne andere Krankheiten als Ursachen.

oder 3. durch soziokulturelle Faktoren verursacht wird:

Kommunikationswissenschaftler sprechen dann im engeren Sinne von einer Sprachentwicklungsverzögerung.

Nur wenn Defizite oder Auffälligkeiten in drei der vier Ebenen Lautbildung, Satzbau, Wortschatz und Sprachverständnis festzustellen sind, handelt es sich um eine Sprachentwicklungsstörung bzw. -verzögerung.

Wie häufig sind Spracherwerbsstörungen?

Wir haben zwischen 1988 und 1992 bei rund 25 Prozent der an der Mainzer Universitätsklinik untersuchten Kinder im Alter von 3 1/2 bis 4 Jahren aus Kindergärten in Mainz und Rheinhessen eine Sprachentwicklungsverzögerung festgestellt, davon bei je einem Viertel mittelschwere bzw. schwere Störungen. Mitte der siebziger Jahre hatten nur etwa vier Prozent der drei- bis vierjährigen Kinder behandlungsbedürftige Sprachentwicklungsrückstände.

Warum ist diese Zahl in den vergangenen Jahren so alarmierend gestiegen?

Zwar haben die Hörstörungen als eindeutig medizinische Ursachen etwas zugenommen. Aber allgemein ist zu beobachten, daß in Familien mit Kindern weniger als früher gesprochen wird, eine Auswirkung der veränderten Lebensbedingungen im Zeitalter der Medien- und Informationsgesellschaft. Erzieher und Lehrer sind überfordert von dem rasanten gesellschaftlichen Wandel und von zu großen Klassen, die Eltern vom Wandel des Berufslebens und seinen Auswirkungen auf die Familie.

Entscheidend ist das Zusammenwirken mehrerer soziokultureller Faktoren: die familiäre Situation (sprachliche Aktivität anregende oder überbehütende oder „sprachlose", schweigende Eltern), die Lebensbedingungen und das Umfeld (fehlende Spielmöglichkeiten und -gefährten) sowie die psychischen Entwicklungsbedingungen eines Kindes (wieviel Zuwendung es erfährt, inwiefern es Sprache vorwiegend passiv erlebt, etwa durch unreflektierten Fernsehkonsum).

Welche Qualifikation bringen Sie als Phoniater mit? Wie gehen Sie konkret bei Ihrer Behandlung vor?

Die Phoniatrie war lange Zeit ein Teilgebiet der Hals-, Nasen- und Ohrenkunde und ist seit 1992 ein selbständiges klinisches Fachgebiet. Phoniater sind durch eine fünfjährige Facharztweiterbildung Spezialisten für Stimm-, Sprech-, Sprach-, Hör- und Schluckstörungen. Phoniater und Pädaudiologen arbeiten an Kliniken oder in eigener Praxis und sind vor allem für die intensive medizinische Diagnose, die Festlegung der Therapieinhalte und für die Therapieverlaufs- und Erfolgskontrollen zuständig.

Die genaue Diagnose der Ursachen, insbesondere eine Hörprüfung ist die wichtigste Grundlage jeder anschließenden Behandlung und erfordert eine komplexe Betrachtung der gesamten Entwicklung eines Kindes, inklusive möglicher Störungen auf nicht-sprachlicher Ebene, z. B. visuelle Wahrnehmung, Motorik, intellektuelle Fähigkeiten und Gedächtnisleistungen. Aus den Befunden leiten sich dann die Richtlinien zur individuellen Behandlung ab, die in ihren Schwerpunkten den vier Phasen der physiologischen Sprachentwicklung: Sprachverständnis, Wortschatz, Grammatik und Lautbildung folgt, und um so spielerischer abläuft, je kleiner das Kind ist. Um dessen Bereitschaft zur Mitarbeit zu fördern, muß der Therapeut es auch in solchen Bereichen ansprechen, in denen gar keine Störung vorliegt.

Wie lange dauert in der Regel die Behandlung von Sprachentwicklungsverzögerungen?

Das hängt von den Ursachen und dem Grad der Störung, aber auch von der Kooperationsfähigkeit und -bereitschaft des Kindes ab. Manchmal reicht eine umfassende Beratung der Eltern. Viele Störungen sind nach etwa 30 bis 40 Behandlungen behoben oder wesentlich gebessert. Falls nicht, muß ein Phoniater eine erneute Begutachtung vornehmen. Wenn vor der Einschulung noch wesentliche Defizite in der Sprachentwicklung vorhanden sind oder andere Fördermaßnahmen nicht ausreichen, geben Mediziner die Empfehlung, ein Kind in eine Sprachheilschule (Sonderschulen für Sprachbehinderte) einzuschulen.

Bis zu welchem Lebensjahr sollten Sprachentwicklungsverzögerungen behandelt werden?

Ein Kind im Alter von 3 bis 4 Jahren beherrscht die Umgangssprache weitgehend. Es kann alle einfachen Sätze korrekt bilden und kleine Geschichten und Erlebnisse verständlich erzählen – mit ersten Nebensatzkonstruktionen. Leichte grammatische Fehler und Fehlbildungen der Zischlaute (Lispeln) können noch vorkommen.

Folgende Hinweise können auf Sprachentwicklungsstörungen deuten: Wenn

1. das Kind zwischen dem 6. und 9. Lebensmonat verstummt, d. h. das Lallen gar nicht auftritt oder seltener wird, und es nicht auf Geräusche reagiert,
2. Ihr Kind mit 1 bis 1 1/2 Jahren noch kein Wort spricht, weder versucht, Wörter nachzuahmen noch Aufforderungen versteht,
3. ein Kind mit 1 1/2 bis 2 Jahren keine Zweiwortsätze spricht, sein Wortschatz weniger als 50 Wörter umfaßt, seine Sprachäußerungen unverständlich sind, weil fast alle Laute verstammelt, also nicht korrekt gebildet werden,
4. der Wortschatz des Kindes mit 2 bis 3 Jahren weniger als 100 Wörter umfaßt, es keine Mehrwortsätze bilden und auch einfache Fragen nicht verstehen kann oder die Lautbildung bei vielen Lauten gestört ist.

Stellen Eltern fest, daß ihr Kind solche Probleme mit dem Sprechen hat, sollten Sie den Kinderarzt aufsuchen und in jedem Fall eine Hörprüfung durchführen lassen.

Bei Abweichungen von mindestens sechs Monaten im Vergleich zur durchschnittlichen physiologischen Sprachentwicklung ist eine eingehende Diagnostik notwendig. Nicht in jedem Fall muß unbedingt eine Sprachtherapie erfolgen, wenigstens aber eine Förderung der betroffenen Kinder unter gründlicher Einbeziehung der Eltern. Da Verzögerungen in der Sprachentwicklung gerade in der Schule Benachteiligung und neue Probleme verursachen, ist es sinnvoll, die Kinder bereits im Vorschulalter angemessen zu unterstützen und die Störung vor dem Schuleintritt zu beheben.

Wie können Eltern ihre Kinder beim Spracherwerb, insbesondere in den ersten Lebensjahren, unterstützen?

Eltern sollten soviel wie möglich mit ihren Kindern reden, sich mit ihnen unterhalten und austauschen. Überbehütende Eltern überschütten ihre Kinder häufig mit Erwachsenensprache: Sie sprechen ständig, die Kinder hören nur zu, sind also in einer passiven Rolle und werden förmlich erstickt. Notwendig ist aber ein echter Austausch, bei dem das Kind und der Erwachsene die Rollen wechseln, also jeder einmal zuhört und spricht.

Interview mit Maja Regenbogen,
Atem-, Sprech- und Stimmlehrerin nach der Methode
Schlaffhorst-Andersen in Hamburg

Wie sieht Ihre Ausbildung aus?

Die Ausbildung dauert sechs Semester, einschließlich eines externen Praktikum-Semesters. Sie umfaßt eine umfangreiche medizinische Ausbildung, Sprachbehindertenpädagogik, Pädagogik und Psychologie, methodisch-didaktische, musische sowie die Fächer der Schlaffhorst-Andersen-Methode. Diese wurde von Clara Schlaffhorst und Hedwig Andersen entwickelt und beruht auf den Wechselwirkungen von seelisch-geistig-körperlichen Vorgängen: Atmung, Bewegung, Stimme und Sprechausdruck.

Was passiert konkret bei der Behandlung der Kinder? Wie gehen Sie vor?

In der Regel kommen die Eltern bereits mit einer Überweisug und ersten Diagnose des Kinder- oder des Hals-, Nasen- und Ohrenarztes – nachdem er geklärt hat, ob das Kind richtig hört. Denn mehr als 50 Prozent der Kinder mit Schwierigkeiten beim Sprechen haben auch ein Problem mit dem Hören. Ich mache zunächst bei einem Kind mit beispielsweise Dyslalie eine spiele-rische Lautprüfung, indem ich Bilder vorlege und frage: „Was ist das?" Unter jedem Bild notiere ich die Aussprache des Kindes. Der Lautprüfbogen beginnt mit leichten und endet mit schwierigen Lauten. Anhand der Bilder zu „Kirsche" und „Kirche" stelle ich fest, ob ein Kind den Unterschied zwischen „ch" und „sch" erkennen und artikulieren kann.
Bei Dysgrammatismus z. B. ermuntere ich das Kind, Dinge zu beschreiben und zu erzählen. Kuscheltiere lasse ich zu ängstlichen und schüchternen Kindern sprechen, um ihnen die Hemmungen zu nehmen. In der anschließenden ersten Schnellauswertung der Tests halte ich fest, was das Kind schon alles kann – das sage ich ihm gleich, um sein Selbstwertgefühl zu stärken.
Ich beobachte auch die Interaktion zwischen Kind und Eltern und gebe ihnen Hinweise, wo und wie sie ihr Kind zu Hause unterstützen können, was sie bei-spielsweise mit ihm spielen sollten. Keinesfalls dürfen sie das Kind verbessern, wenn es beim Sprechen Fehler macht, oder es anderweitig unter Druck setzen. Sonst fühlt sich das Kind ertappt und bloß gestellt. Sprache ist etwas sehr Persönliches und Intimes. Wenn der Inhalt des Gesagten zu verstehen war, reicht das zunächst völlig. Durch aktives Zuhören, also z. B. durch Nach-fragen gelingt es, das Kind zum Sprechen anzuregen. Oder die Eltern greifen die Worte noch einmal auf, indem sie – eher nebenbei – ein falsch aus-gesprochenes Wort mit der richtigen Aussprache wiederholen.

Wie lange dauert in der Regel die Behandlung von Sprachentwicklungsstörungen?

Sprachentwicklungsverzögerungen sind eine sehr komplexe Angelegenheit. Bei der Behandlung werden Bewegungsspiele in Verbindung mit Lauten ein-gesetzt, die Sinne geschult, das Gehör trainiert, Geräusche imitiert, die Artiku-lation und ihre Wahrnehmung geübt. Je nach Alter und Störungsbild kann das sehr schnell gehen (acht Stunden), in einigen Fällen ist eine entwicklungsbeglei-tende Behandlung über einen längeren Zeitraum (30 Stunden) notwendig.

Obwohl wir natürlich bestrebt sind, die Therapie schnell zum Abschluß zu bringen, damit das Kind möglichst früh das Erfolgserlebnis hat, muß im Sinn des langfristigen Therapieerfolges immer die individuell für das jeweilige Kind notwendige Zeit berücksichtigt werden. Nur eine gute Kooperation zwischen Eltern, Lehrerinnen, Ärztin und Therapeutin garantiert dabei eine erfolgreiche Therapie.

Bis wann sollten Sprachentwickungsverzögerungen bei Kindern behandelt werden?

Im günstigsten Fall zwischen dem vierten und sechsten Lebensjahr. Früherliegende Beratungsangebote sollten aber unbedingt wahrgenommen werden.

Wie können Eltern ihre Kinder beim Spracherwerb unterstützen – insbesonders in den ersten Lebensjahren?

Schon den Säugling können sie fördern: Wird er gestillt, bereiten die Schluck- und Saugreflexe und die Zungenbewegungen die Sprechwerkzeuge vor.

Kann eine Mutter ihr Baby nicht stillen, sollte sie unbedingt auf gute Sauger achten, sonst können Fehlbildungen von Gaumen, Kiefer und später den Zähnen entstehen, was wiederum die Artikulationsfähigkeit von Kindern negativ beeinflussen kann.

Wichtig ist, daß sich die Eltern mit ihrem Baby beschäftigen, das kommuniziert, auch wenn es noch nicht sprechen kann. Es erkennt die Gesichter der Eltern, nimmt ihre Mimik wahr, hört ihre Stimmen und reagiert auf die Satzmelodie. Es ist auf die Ansprache der Eltern angewiesen. Ihre Fragen zum Beispiel stimulieren die Aufmerksamkeit des Babys und fordern es zu einer Reaktion auf. Auch beim Kleinkind ist kontinuierliches Reden, der Austausch wichtig.

Die Wahrnehmungsfähigkeit über die Sinne „Tasten, Sehen, Hören, Riechen und Schmecken" wird immer intensiver. Deshalb profitiert das Kind von allem, was es gemeinsam mit den Eltern erlebt und tut – z. B. gemeinsam zu Abend essen, zusammen singen, reimen oder Geschichten erzählen.

Feste, begrenzte „Zeitinseln", die Eltern für die Gemeinsamkeit mit ihren Kindern freihalten, unterstützen diese in ihrer persönlichen und damit auch sprachlichen Entwicklung.

Wo liegen die Schwerpunkte in Ihrer Arbeit? Woran erkennen Eltern eine gute Therapeutin?

Das Kind und die Eltern müssen ein gutes, vertrauensvolles Verhältnis zu ihr haben. Entwickeln muß sich nämlich die ganze Familie. Eltern dürfen das Kind nicht überfordern, aber auch nicht unterfordern. Diese Balance zwischen Beachtung und Anspruch herzustellen, ist die Aufgabe einer Therapeutin mit medizinischen, psychologischen und pädagogischen Kenntnissen.

Atem-, Sprech- und Stimmlehrerinnen nach der Schlaffhorst-Andersen-Methode vertiefen diese Arbeit durch die Auseinandersetzung mit dem persönlichen Atem-, Sprech- und Stimmausdruck des Kindes, das sie ganzheitlich wahrnehmen und individuell nach dem aktuellen Erkenntnisstand der Kindertherapie behandeln. Eine Therapeutin mit diesem vielseitigen und genauen Ansatz nutzt die Stärken des Kindes, um seine Sinne zu fördern und an seinen Schwächen zu arbeiten. Wenn es gemäß seinem Entwicklungsstand angesprochen wird, lernt das Kind schnell, richtig und mit Freude sprechen.

Brüggebors, Gela:
„So spricht mein Kind richtig",
Entwicklungen und Störungen beim Sprechen-
lernen. Das Buch zeigt Eltern und Erziehern,
wie sie helfen können, unter anderem mit 237
Spiel-Ideen zur Sprachförderung.
Rowolth Taschenbuch Verlag – Reinbek 1987 /
1991

Gretsch, Ulla / Lissner, Babette:
„Elternratgeber Computer", Chancen und
Gefahren für die kindliche Entwicklung.
Heute wissen Kinder meist mehr über
Computer, -spiele, Software etc. als ihre Eltern.
Für diejenigen, die ihr Wissen erweitern, mitre-
den und sinnvolle Entscheidungen treffen wol-
len, beschreibt das Buch die meistverbreiteten
Computerspiele, ordnet sie pädagogisch ein,
befaßt sich mit Lernprogrammen sowie den
kreativen Möglichkeiten von Anwenderprogram-
men und gibt Ratschläge für den Kauf der Hard-
ware - abgerundet durch die Themen
„Gesundheit" und „Computer in der Familie".
Rowolth Taschenbuch Verlag – Reinbek 1995

Jeitner-Hartmann, Bertrun (Hrsg.):
**„Das große Ravensburger Buch der
Kinderbeschäftigung"**
Ravensburger Verlag – Ravensburg 1991 /
22. Auflage 1996

Kielhöfer, Bernd / Jonekeit, Sylvie:
„Zweisprachige Kindererziehung"
Die Autoren plädieren dafür, versäumen aber
nicht, ihre eigenen Erfahrungen zu relativieren.
Anschauliches Beispiel: zwei Jungen wachsen in
Deutschland mit einem deutschen Vater und
einer französischen Mutter auf.
Stauffenburg Verlag – Tübingen 1995

**„Knister: Mikromaus mit Mikrofon –
Spiele mit dem Kassettenrecorder".**
Zahlreiche kreative Tips für Kinder ab 8 Jahre.
Auch Erwachsene, die mit jüngeren Kindern
auf Geräuschejagd gehen wollen, bekommen
phantasievolle und witzige Anregungen.
4. Auflage. Arena-Verlag – Würzburg 1995

Mayer, Werner Paul / Seter, Georg:
„Computer-Kids"
Die Autoren behandeln die verschiedenen For-
men des Spielens – ausgiebig seine modernste
Form, das Computerspiel. Sie gehen auf die
Skepsis und Sorgen vieler Eltern ein, die praxis-
nahe Tips, worauf sie beim Umgang ihres Kindes
mit dem neuen Medium achten müssen, und ein
umfangreiches „Lexikon für Eltern zum Mit-
reden" erhalten. Chancen und Risiken von
Computern für Kinder werden beleuchtet.
Ravensburger Verlag – Ravensburg 1994

*Möller, Ursula / Zimmermann, Rose /
Pfalzgraf, Renate:*
„Sprachförderung, die Spaß macht"
Grundlagen und spielerische Anleitungen
für Kinder von 5 bis 7.
Don Bosco – München 1979

Reimann, Bernd:
„Im Dialog von Anfang an",
die Entwicklung der Kommunikations- und
Sprachfähigkeit in den ersten drei Lebensjahren.
In Altersabschnitten von jeweils vier Monaten
wird der Gebrauch der Sprache in natürlichen
Dialogen aus der Perspektive des Erwachsenen
und des Kindes betrachtet und der jeweilige
Entwicklungsfortschritt beschrieben.
Ein kleiner Ratgeber, jeweils am Kapitelende,
gibt Anregungen zur Förderung.
Luchterhand – Neuwied, Kriftel, Berlin 1993

Singer, Waltraud / Funke, Cornelia:
„Sprachspiele für Kinder"
Ravensburger Verlag – Ravensburg 1995

Stengel, Ingeburg:
„Sprachschwierigkeiten bei Kindern",
Entwicklung von Sprache und Gehör,
Früherkennung von Sprachstörungen
und verzögerter Entwicklung, Ursachen,
Ratgeber und Hilfe für Eltern,
Spielvorschläge, Behandlungsmöglichkeiten.
Klett-Cotta – Stuttgart 1974 / 1993

Widmer, Manuela:
**„Sprache spielen.
Vom Kinderreim zur Spielszene."**
Modelle zum spielerischen Gestalten mit Musik
und Tanz im Kindergarten und Elternhaus,
angeregt durch verschiedene Sprachformen.
Auer Verlag – Donauwörth 1994

Dysgrammatismus: Das Kind hat Probleme mit der Grammatik, benutzt einen falschen Satzbau, kann die Verben nicht richtig formen; es nennt sich beim Vornamen und spricht von sich in der 3. Person anstatt von „ich". Beispiele: „Lena essen" statt „ich esse", „ich geschläft hat" statt „ich habe geschlafen", „Junge Brot kaufen gestern" statt „der Junge hat gestern Brot gekauft". Dysgrammatismus gehört zur normalen Sprachentwicklung und kennzeichnet die Phase, in der das Kind Satzbau, Verben usw. kennenlernt. Dauert diese Phase allerdings länger als bis zum 4. Lebensjahr, liegt eine Sprachstörung vor, die behandelt werden muß. Mit gezielten Übungen zur Wahrnehmung kann man Kindern helfen, ihr scheinbar nicht vorhandenes Gefühl für Sprachrhythmus zu entwickeln. Hierzu zählen u. a. Spiel- und Sprechangebote, bei denen das Hören und Fühlen von Musik gefördert wird.

Lispeln: Lispeln ist eine Sonderform des Stammelns. Betroffen sind die sogenannten S-Laute (S, Sch, X und Z). Sie zählen zu den häufigsten und schwierigsten der deutschen Sprache. Lispeln sollte unbedingt vor der Einschulung behandelt werden, denn es wird mit dem Alter immer schwieriger, eingefahrene falsche Sprechmuster zu ändern. Manchmal liegt es an einer verkehrten Kiefer- oder Zahnstellung, daß ein Kind lispelt. Dann kann nur ein Kieferorthopäde helfen. Sind hingegen psychische Faktoren mit im Spiel, sollte eine Kinderpsychologin oder Sonderpädagogin hinzugezogen werden.

Mutismus: So nennt man psychisch bedingtes Schweigen. Mutismus ist eine sehr ernst zu nehmende Störung, bei der man unbedingt einen auf Kinder spezialisierten Pädagogen oder Psychologen um Rat fragen sollte. Wenn Kinder plötzlich überhaupt nicht mehr sprechen oder gegenüber bestimmten Personen bzw. in bestimmten Situationen völlig verstummen, kann das vielschichtige Gründe haben: ein einmaliges, traumatisches Erlebnis, ein stark belastendes familiäres Klima oder eine extrem gestörte Beziehung zu einem Menschen. Den wahren Hintergrund erforschen Experten gemeinsam mit dem Kind und versuchen, es aus seiner Sprachlosigkeit herauszuholen. Auch die Eltern werden hier intensiv eingebunden. Adressen von kostenlosen Beratungsstellen nennt die Bundeszentrale für gesundheitliche Aufklärung.

Näseln: Bei den Lauten M, N und NG, den sogenannten Nasallauten, haben manche Kinder Schwierigkeiten mit der korrekten Aussprache: Sie näseln. Mal klingt es, als seien sie verschnupft – das nennt man geschlossenes Näseln. Beim sogenannten offenen Näseln klingt die Aussprache ungewollt betont vornehm oder affektiert. Die Ursache: Beim Sprechen strömt mal zu viel, mal zu wenig Luft durch die Nase, weil beispielsweise Polypen den Weg versperren oder das Gaumensegel, das Zäpfchen im Rachen, zu viel Luft vom Mundraum in die Nase läßt. Durch gezielte Sprechgymnastik und / oder eine Operation kann das Näseln verschwinden.

Poltern: Die Gedanken sind gewissermaßen schneller als die Sprache. Die Folge: Einzelne Laute, Silben und ganze Wörter werden verschluckt, verstellt und verstümmelt – nicht nur beim Sprechen, auch beim Lesen und Schreiben. Ursache ist meist eine angeborene oder erworbene Schwäche des Gehirns, wenn es um die Verarbeitung verschiedener Reize geht. Poltern tritt oft in Kombination mit Stottern auf.

Sprachschwächetyp: Kinder, die als Sprachschwächetyp bezeichnet werden, haben eine familiäre Veranlagung für ihre verzögerte Sprachentwicklung. In diesem Fall haben auch die Eltern und / oder die Geschwister erst später als üblich sprechen gelernt. Meist entwickeln sich diese Kinder auch in ihrer Motorik langsamer als andere. Sie lernen später Sitzen und Laufen, sind insgesamt eher ungeschickt, haben wenig Interesse am Sprechen und agieren meist zurückhaltend. Bei Sprachschwächetypen tritt im Laufe der Sprachentwicklung oft hartnäckiges Stammeln und Dysgrammatismus auf.

Sprachtherapeut / Sprachtherapeutin: Ist sowohl eine Berufsbezeichnung als auch ein Sammelbegriff für alle, die im Rahmen ihrer Ausbildung entsprechende Fähigkeiten und Kenntnisse erworben haben. Einzelheiten zu den verschiedenen Berufen finden Sie in den Interviews. Bei der Suche nach dem richtigen Therapeuten für Ihr Kind ist allerdings weniger der Ausbildungsschwerpunkt entscheidend, denn im allgemeinen verfügen alle geprüften Therapeuten über ein gründliches theoretisches und praktisches Wissen. Viel entscheidender ist der persönliche Draht, den Sie und Ihr Kind zum Experten haben. Daneben sind folgende Kriterien für eine Entscheidung hilfreich: Die Praxis sollte möglichst gut erreichbar sein, der Therapeut sollte unbedingt großen Wert auf die Zusammenarbeit mit Ihnen als Eltern legen und zudem Erfahrungen bei der Behandlung Ihrer bzw. der Störung Ihres Kind vorweisen können, am besten als Spezialist auf diesem Gebiet.

Stammeln: Ein Kind, das stammelt, hat Schwierigkeiten, bestimmte Laute oder Lautverbindungen korrekt auszusprechen. Das Kind läßt sie dann einfach weg oder ersetzt sie durch andere. So wird aus Kaffee „Affee" oder „Daffee", je nachdem, für welche „Lösung" das Kind sich entscheidet. Gründe können geschädigte Sprechwerkzeuge, ein schlechtes Hörvermögen oder psychische Ursachen sein. Manche Kinder wollen nicht „groß" werden und verharren bewußt in der Sprache eines Kleinkindes, weil sie weiterhin so behandelt werden möchten. Bis zum 4. Lebensjahr ist Stammeln eine durchaus normale Begleiterscheinung der Sprachentwicklung. Hat ein älteres Kind jedoch immer noch Probleme mit der korrekten Aussprache, sollten die Eltern die Kinderärztin darauf aufmerksam machen.

Stottern: Der normale Redefluß ist gestört. Das Kind wiederholt beim Sprechen einzelne Silben, Wörter oder auch Buchstaben. Oder es bringt zunächst keinen Ton heraus, bis es unter größter Anstrengung wie Pressen und ähnlichem endlich das Wort sagen kann. Das klingt dann so: „Die ... Paula ist doof" oder „Die P-P-P-P-Paula ist doof". Die Ursachen des Stotterns sind bis heute nicht endgültig geklärt. Bei den Fachleuten besteht jedoch Einigkeit, daß mehrere Faktoren beteiligt sind: Veranlagung, Vererbung, psychische Faktoren sowie frühkindliche Schädigungen, die allerdings oft nicht nachweisbar sind. Sprachtherapeuten und / oder Erziehungsberater betreuen stotternde Kinder.

Hier finden Sie Rat und Hilfe zu folgenden Themen:

Sprachentwicklung / Sprachstörung

Berufsverband der Atem-, Sprech- und Stimmlehrer/innen, Lehrervereinigung Schlaffhorst-Andersen e.V.,
Marion Walke
Rothenbaumchaussee 17
20 148 Hamburg
Tel. 0 40 / 4 10 74 23

Bundesvereinigung
Stotterer-Selbsthilfe e.V.
Gereonswall 112
50 670 Köln
Tel. 02 21 / 1 39 11 06

Deutscher Bundesverband
für Logopädie e.V.
Augustinusstr. 9 d
50 226 Frechen
Tel. 0 22 34 / 69 11 53

Deutsche Gesellschaft
für Sprachheilpädagogik e.V.
Goldammerweg 34
12 349 Berlin
Tel. 0 30 / 6 61 60 04

Sprachheilzentrum
Masurenstr. 19 - 21
26 388 Wilhelmshaven
Tel. 0 44 21 / 5 39 33

Sprachheilzentrum
Hochgerichtstr. 46
88 213 Ravensburg
Tel. 07 51 / 79 02 - 0

Abteilung für Audiologie und / oder Phoniatrie und / oder Pädaudiologie und / oder Sprach- und Stimmstörungen und / oder Kommunikationsstörungen an der jeweiligen Universitäts-HNO-Klinik oder Medizinischen Hochschule

Adressen von Sprachtherapeuten in Ihrer Nähe gibt es

- bei Ihrer Barmer-Geschäftsstelle
- bei den Gesundheitsämtern
- bei Ihrem Kinder- und Hals-Nasen-Ohren-Arzt
- bei Sonderschulen und Kindergärten
- im Branchentelefonbuch

Medien

Arbeitsgemeinschaft Kinder- und Jugendschutz
Landesstelle NRW e.V.
Poststr. 15-23
50 676 Köln
Tel. 0 22 1 / 9 21 39 20

Arbeitskreis für Jugendliteratur e.V.
Schlörstr. 10
80 634 München
Tel. 0 89 / 1 68 40 52

Bundesprüfstelle
für jugendgefährdende Schriften
Kennedyallee 105-107
53 175 Bonn
Tel. 02 28 / 37 66 - 31 oder - 32

Bundeszentrale für politische Bildung
Referat Neue Medien
Postfach 2325
53 013 Bonn
Tel. 02 28 / 5 15-0

Bundeszentrale für gesundheitliche Aufklärung
51 101 Köln
Tel. 02 21 / 89 92 - 0

Gemeinschaft zur Förderung von Kinder- und Jugendliteratur e.V.
Weinmeisterstr. 5
10 178 Berlin
Tel. 0 30 / 2 82 97 47

Stiftung Lesen SdbR
Fischtorplatz 23
55 116 Mainz
Tel. 0 61 31 / 28 89 00

Spielen/Spielzeug

spiel gut Arbeitsausschuß
Kinderspiel + Spielzeug e.V.
Heimstr. 13
89 073 Ulm
Tel. 07 31 / 6 56 53

(Stand: Oktober 1997)